AF203544

JACQUES LE RIDER
WARUM KRIEG?

WIENER VORLESUNGEN

Band 209

Herausgegeben für die Stadt Wien von
Anita Eichinger

Vortrag
am 28. März 2023

JACQUES LE RIDER

WARUM KRIEG?

ZUR AKTUALITÄT
DES BRIEFWECHSELS
VON EINSTEIN UND FREUD

PICUS VERLAG WIEN

Informationen zu den Wiener Vorlesungen unter
www.wienervorlesungen.at
Informationen über das aktuelle Programm
des Picus Verlags und Veranstaltungen unter
www.picus.at

DIE WIENER VORLESUNGEN

Die Wiener Vorlesungen sind seit über drei Jahrzehnten ein offenes Dialogforum der Stadt Wien und eines der wichtigsten Formate für Wissens- und Kulturvermittlung in dieser Stadt. Ihr Ziel ist es, den Analysen, Einschätzungen und Fragen renommierter Denker*innen und Wissenschaftler*innen aus aller Welt Raum zu geben, um gesellschaftliche Herausforderungen der Gegenwart anschaulich zu analysieren und kritisch zu diskutieren. So wird nicht nur der Blick für die Komplexität und Differenziertheit unserer Wirklichkeit geschärft, sondern auch im Sinne eines kritischen, digital weitergedachten Humanismus Demokratie gestärkt, indem wissenschaftliche Betrachtung und Argumentation breit nachvollziehbar gemacht und vermittelt werden.

Es mag ein Paradox unserer durch vielfältige Krisen geprägten Zeit sein, dass gerade in einem Land, in dem seit jeher großartige Leistungen im Bereich der Wissenschaft erbracht wurden und werden, eine steigende Wissenschaftsskepsis zu beobachten ist. Alternative Wahrheiten haben Eingang in den allgemeinen Diskurs gefunden und persönliche Meinungen werden oft mit wissenschaftlichen Analysen gleichgesetzt, da es vielfach an Verständnis für ihre Verfahren fehlt. Wenn Algorithmen nur mehr auf uns zugeschnittene, angepasste »Wirklichkeiten« und »Wahrheiten« präsentieren, lösen sich geteilte Grundwerte und gemeinsame Referenzrahmen in sogenannten

7

Filterblasen auf – Radikalisierung und Erosion von Demokratie sind die Folgen. Die Digitalisierung hat diese Entwicklungen befördert, bietet jedoch auch Chancen für die Zukunft.

Im Duell von Fake News und Fakten tragen die Wiener Vorlesungen dazu bei, antiaufklärerischen Entwicklungen mit Vehemenz entgegenzutreten und das Vertrauen der Menschen in die Wissenschaft wiederherzustellen sowie kritisches Denken zu fördern. Gerade aufgrund der Komplexität der multiplen Krisen (Klima, Krieg, Künstliche Intelligenz u.v.m), mit der unsere Welt konfrontiert ist, braucht es einen zukunftsorientierten Zugang und ein gemeinsames Agieren, um Demokratie und Diskurs zu stärken und Lösungsansätze zu formulieren und umzusetzen. Nichts Geringeres als die Frage »Was ist der Mensch«, die letztlich alle Wissenschaft umtreibt, ist vor diesen Hintergründen neu zu stellen.

Es erfordert kreative, mutige und ungewöhnliche Antworten und Ideen, neue Formen der Kooperation und ein Zusammengehen aller wissenschaftlichen Disziplinen, um den Herausforderungen entgegnen zu können. Vor allem aber braucht es einen auf valide wissenschaftliche Grundlagen gestützten Diskurs auf breiter gesellschaftlicher Ebene, denn diese Probleme und Entwicklungen betreffen alle Teile der Gesellschaft.

Kritische Analyse und Aufklärung im Sinne der Demokratie und einer starken Zivilgesellschaft sind und bleiben zentrale Anliegen der Wiener Vorlesungen. Insofern freue ich mich, dass sie nicht nur digital im Internet jederzeit abrufbar sind, sondern mit vorliegender Publikation auch in gedruckter Form vorliegen.

Veronica Kaup-Hasler
Stadträtin für Kultur und Wissenschaft

WARUM KRIEG?
ZUR AKTUALITÄT DES BRIEFWECHSELS VON EINSTEIN UND FREUD

WIE DER BRIEFWECHSEL ZWISCHEN EINSTEIN UND FREUD ENTSTAND

Der öffentliche Briefwechsel zwischen Albert Einstein und Sigmund Freud entstand im Auftrag einer Zweigorganisation des Völkerbunds, der Internationalen Kommission für geistige Zusammenarbeit. Als Exekutivorgan dieser Kommission gab das Institut international de coopération intellectuelle mit Sitz in Paris eine Reihe von Briefwechseln »zwischen auf geistigem Gebiet führenden Persönlichkeiten« heraus. *Warum Krieg?* war der zweite Band in dieser Reihe.

Im März 1933, also kurz vor Erscheinen von *Warum Krieg?* veröffentlichte das Institut international de coopération intellectuelle des Völkerbunds in der Reihe *Correspondances (Briefwechsel)* die Broschüre *Pour une société des esprits (A League of Minds)* mit Aufsätzen des französischen Schriftstellers Paul Valéry und des spanischen Diplomaten Salvador de Madariaga, der 1921 Vorsitzender der Kommission für Abrüstung des Völkerbunds gewesen war (IICI, 1933). Der dritte Band in der Reihe *Correspondances* war 1934 die Broschüre *L'Esprit, l'éthique et la guerre (Geist, Ethik und Krieg),* die nur auf Französisch erschien und u. a. Beiträge von dem niederländischen Kulturhistoriker Johan Huizinga, Aldous Huxley und André Maurois versammelte (IICI, 1934). Es folgte noch ein vierter Band im Jahre 1935: *Civilisations. Orient-Occident, génie du Nord-latinité;* die englischsprachige Fassung war kürzer und trug den knappen Titel *East and West* (IICI, 1935).

Die Idee, den zweiten Band der Reihe *Correspondances* in der Form eines Briefwechsels mit Freud zum Thema Friedensstiftung und Kriegsverhütung ging auf Einstein zurück, der schon 1922 Gründungsmitglied der Internationalen Kommission für geistige Zusammenarbeit des Völkerbunds geworden war. Einstein war für die Kommission ein schwieriger Partner, der mehrmals aus Protest gegen deren allzu laue Haltung in der Bekämpfung des Militarismus zurückgetreten war, sich aber jedes Mal hatte überreden lassen, wieder aktives Mitglied zu werden. Einstein hatte 1930 anlässlich des zehnjährigen Bestehens des Völkerbunds seine Meinung zusammengefasst: »Ich habe selten Anlaß, über das, was der Völkerbund tut oder zu tun unterlässt, begeistert zu sein, aber ich bin doch immer dafür dankbar, daß es ihn gibt« (ÜdF, 129).

Einsteins Zugehen auf Freud war in mancher Hinsicht überraschend, da er von seinen gemischten Gefühlen gegenüber der Psychoanalyse als Tiefenpsychologie und als Psychotherapie nie ein Hehl gemacht hatte. Offensichtlich hatten ihn Freuds gesellschafts-

und kulturtheoretische Schriften, vor allem *Das Unbehagen in der Kultur* aus dem Jahre 1930, doch positiv beeindruckt.

Einstein und Freud hatten sich am 29. Dezember 1926 im Hause von Freuds jüngstem Sohn Ernst in Berlin zum ersten Mal getroffen. Freud schrieb an Sándor Ferenczi: »Mit Einstein habe ich auch zwei Stunden verplaudert, er kam mit seiner Frau zu Ernst, um mich zu sehen. Er ist heiter, sicher und liebenswürdig, versteht von Psychologie soviel wie ich von Physik, und so haben wir uns sehr gut gesprochen« (Freud/Ferenczi, III/2, 126).

1928 hatte sich Einstein dazu geweigert, Freuds Nominierung für den Nobelpreis für Medizin zu befürworten. Am 15. Februar 1928 schrieb er dem Psychoanalytiker Heinrich Meng, der ihn gebeten hatte, die Nominierung Freuds zu unterstützen:

Bei aller Bewunderung für die geniale Leistung von Freud kann ich mich nicht entschließen, im vorliegenden Falle zu intervenieren. Ich kann über den Wahrheitsgehalt der Freud'schen Lehre nicht einmal für mich selbst eine Überzeugung gewinnen, viel weniger ein Urteil fällen, das auch für andere maßgebend sein soll. Ferner möchte ich Ihnen zu bedenken geben, daß es fraglich erscheint, ob die Leistung eines Psychologen wie Freud in den Bereich des Nobel-Preises für Medizin fällt, der doch wohl allein in Betracht gezogen werden kann (Tögel, 83).

Freud war natürlich von dieser abschlägigen Antwort informiert worden und hegte deshalb Einstein gegenüber gemischte Gefühle. An den deutsch-amerikanischen Schriftsteller und Journalisten George Sylvester Viereck, der sowohl mit Einstein als auch mit Freud interessante Interviews geführt hatte, hatte Freud am 6. November 1929 geschrieben:

Ich hatte vor einigen Jahren eine lange Unterhaltung mit [Einstein], in der ich zu meiner Belustigung feststellte, dass er von der Psychoanalyse nicht mehr versteht als ich von der Mathematik. Ja, ich glaube, ich bin ihm darin vor; während ich wenigstens die Berechtigung des mathematischen Denkens voll einsehe, bestreitet er die Berechtigung der Psychologie (ÜdF, 201f.).

Wenn sich Freud in *Warum Krieg?* auf Georg Christoph Lichtenberg bezieht, »der zur Zeit unserer Klassiker in Göttingen Physik lehrte; aber vielleicht [...] als Psycholog noch bedeutender [war] denn als Physiker« (GW XVI, 21), handelt es sich wohl auch um eine verkappte Kritik an Einstein, der als Physiker bedeutend ist, aber nach Freuds Meinung von Psychologie recht wenig versteht. »Ganz selten ist die Handlung das Werk einer einzigen Triebregung, die an und für sich bereits aus Eros und Destruktion zusammengesetzt sein muß«, schreibt Freud.

Einer [...] hat das bereits gewußt, [...] G. Ch. Lichtenberg [...]. Er erfand die Motivenrose, indem er sagte: »Die Bewegungsgründe woraus man etwas tut, könnten so wie die 32 Winde geordnet werden [...]«. Wenn also die Menschen zum Krieg aufgefordert werden, so mögen eine ganze Anzahl von Motiven in ihnen zustimmend antworten, edle und gemeine, solche, von denen man laut spricht, und andere, die man beschweigt (GW XVI, 21).

Schon immer ist Freud ein Lichtenberg-Verehrer gewesen. In einem Jugendbrief an Eduard Silberstein vom 2. Dezember 1874 schrieb er, die Lektüre Lichtenbergs bereite ihm ein »großes Vergnügen« (Freud/Silberstein, 87). Der skeptisch-ironische Aufklärer und kritische Rationalist Lichtenberg, den auch Friedrich Nietzsche, Karl Kraus und Ludwig Wittgenstein besonders bewunderten, ist in Freuds *Der Witz und seine Beziehungen zum Unbewußten* (1905) einer der meistzitierten Autoren, deren Witze wegen ihres Gedankeninhalts und ihrer »Treffsicherheit« als »hervorragend« gelobt werden (GW VI, 101).

Der Austausch zwischen Freud und Einstein hatte sich schon 1929–1930 intensiviert. Als Albert Einstein, der engagierter Zionist war und im August 1929 an dem Zionistenkongress in Zürich teilnahm, Sigmund Freud um eine öffentliche Stellungnahme zugunsten des Zionismus bat, antwortete ihm Freud am 26. Februar 1930 mit einem Brief, in dem er in aller Deutlichkeit sowohl seine große Bewunderung für die Leistungen der zionistischen Bewegung als auch seine grundsätzlichen

Bedenken gegen die konkrete politische Umsetzung ihrer Ziele zum Ausdruck brachte (Gay, 598).

Das ehrenvolle Angebot der Völkerbund-Kommission konnte Freud kaum ablehnen. Im Juni 1932 erklärte er sich mit dem Projekt einverstanden und erhielt am 1. August Einsteins offenen Brief an ihn. Freuds Antwortbrief trägt das Datum »Wien, im September 1932« und ist viel länger als Einsteins Brief. In der Ausgabe der *Gesammelten Werke* umfasst er vierzehn klein gedruckte Seiten (GW XVI, 13–27). Nachdem er diesen Brief Freuds erhalten hatte, schrieb Einstein am 3. Dezember 1932 einen warmherzigen Dankesbrief:

> *Sie haben den Völkerbund und mich mit einer wahrhaft klassischen Antwort beglückt. Als ich Ihnen schrieb, war ich ganz durchdrungen von der Belanglosigkeit meines Schreibens, das nichts sein sollte als eine Dokumentierung des guten Willens […]. Sie haben da wirklich etwas Herrliches hergegeben. Man kann nicht wissen, was aus solchem Samen wachsen wird, wie denn überhaupt Wirkung auf Menschen etwas Unberechenbares ist (Tögel, 97f.).*

Und doch konnte Freud seine Animosität gegen Einstein nie völlig überwinden. Der Brief vom Mai 1936, in dem er auf Einsteins Gratulation zu seinem achtzigsten Geburtstag antwortet, zeigt, dass die alten Kränkungen immer noch wehtaten:

> *Ich wußte natürlich immer,* schreibt Freud, *daß Sie*

mich nur »aus Höflichkeit« bewundern, aber von all
meinen Behauptungen sehr wenig glauben. Obwohl
ich mich oft fragte, was daran eigentlich zu bewun-
dern ist, wenn es nicht wahr ist, das heißt, nicht
einen hohen Wahrheitsgehalt hat. Nebenbei, meinen
Sie nicht, daß man mich viel besser behandelt hätte,
wenn meine Lehren einen größeren Prozentsatz von
Irrtum und Tollheit in ihre Zusammensetzung auf-
genommen hätten? (Freud, Briefe, 433)

Freud erhielt am 22. März 1933 die ersten Exemplare
der Broschüre, am 27. März die französischsprachige
und am 10. April die englischsprachige Fassung. *Wa-*
rum Krieg? wurde in Deutschland sofort verboten und
fand in Österreich praktisch keine, vorerst nur im Ausland etwas Resonanz.

1932, DAS JAHR DER LETZTEN CHANCE FÜR DEN FRIEDEN

Im Rückblick erscheint das Entstehungsjahr von Einsteins und Freuds *Warum Krieg?* als das Jahr der letzten Chance für den Frieden. In jenem Jahr 1932 begann
die Genfer Abrüstungskonferenz des Völkerbunds, die
erfolglos blieb und im Juni 1934 beendet wurde. Um
vor der Gefahr eines Versandens der Konferenz zu
warnen, nahm Einstein im Mai 1932 an einer Tagung
des Joint Peace Council in Genf teil und verkündete

die Leitsätze seiner pazifistischen Überzeugung: »Abschaffung der obligatorischen Wehrpflicht, unverzüglicher Abbruch der Rekrutierung und unverzüglicher Abbruch der Munitions- und Kriegswaffenproduktion […]. Der Krieg lässt sich nicht humanisieren, nur abschaffen« (ÜdF, 185f.).

Im Mai 1932 veröffentlichten die französischen Schriftsteller Henri Barbusse und Romain Rolland in der Zeitung *L'Humanité*, dem Zentralorgan der französischen Kommunistischen Partei, einen Aufruf zur Abhaltung eines internationalen Antikriegskongresses in Genf. Der unmittelbare Anlass war der Angriff Japans auf die Mandschurei und die damit verbundene Bedrohung für die Sowjetunion. Hinter der Initiative von Barbusse und Rolland standen die französische KP und die Komintern. Dies erklärt die überwiegend ablehnende Reaktion der sozialistischen Parteien und Organisationen in ganz Europa. Friedrich Adler zum Beispiel denunzierte ein propagandistisches Manöver der Kommunisten, an dem die österreichischen Sozialdemokraten nicht teilnehmen sollten. Als Stefan Zweig, der mit Barbusse und vor allem mit Rolland befreundet war, die bürgerlichen und die sozialdemokratischen Parteien zur Bildung einer einheitlichen Volksfront mit den Kommunisten gegen den Krieg ermahnte, kam es sogar zu einer scharfen Attacke Friedrich Adlers gegen Zweig.

In den intellektuellen Kreisen fand Barbusses und Rollands Aufruf einen starken Widerhall. Albert Einstein und Heinrich Mann gehörten von Anfang an zum internationalen Initiativkomitee für den Antikriegs-kongress. Dieses Gründungskomitee wurde in den darauffolgenden Monaten erweitert: Karl Kraus erklärte sich dazu bereit, als Vertreter Österreichs genannt zu werden. Sigmund Freud unterzeichnete den Aufruf an die Ärzte aller Länder zur Unterstützung des Appells für einen Weltkongress gegen Krieg und Faschismus, den Felix Boenheim, Chefarzt am Hufeland-Hospital Berlin, an seine Kollegen verschickt hatte.

Schließlich fand der »Internationale Kongress gegen imperialistische Kriege« Ende August 1932 in Amsterdam statt und beschloss unter anderem die Gründung nationaler »Komitees gegen imperialistische Kriege«. Diesmal aber lehnte Einstein den Beitritt zum deutschen Komitee ab und schrieb im September 1932 an Barbusse:

Nach reiflicher Überlegung sehe ich mich außerstande, dem Komitee beizutreten [...], obwohl die [von ihm] verfolgten Ziele ganz mit den meinigen übereinstimmen. Begründung: Der Amsterdamer Kongress war ganz unter russisch-kommunistischem Regime; auch die Resolution ist in dieser Phraseologie abgefasst (ÜdF, 198).

Einsteins Misstrauen gegenüber der Moskau-treuen Bewegung »gegen Krieg und Faschismus« führte ihn jedoch keineswegs dazu, sich dem Lager der antikommunistisch gesinnten Konservativen anzunähern. Als

Graf Coudenhove-Kalergi ihn um Teilnahme an dem Führungsgremium des für den Herbst 1932 geplanten Kongresses der Paneuropa-Union bat, antwortete Einstein:

> *Sie haben gegen das heutige Rußland eine aus-gesprochen feindliche Haltung angenommen. [...] Auch ich billige vieles nicht, was in Rußland ge-schieht, noch weniger aber die Methoden, mit denen man versucht, den einzig ernsthaften Versuch der Schaffung einer vernünftigen und gerechten wirt-schaftlichen Organisation mit Gewalt zu unterdrü-cken (ÜdF, 220f.).*

EINSTEINS VORSCHLÄGE ZUR KRIEGSVERHÜTUNG IN »WARUM KRIEG?« – EINE ETAPPE AUF DEM WEGE EINES MILITANTEN PAZIFISTEN

Wie kann man in Zukunft den Krieg verhüten und einen dauerhaften Frieden stiften? In seinem offenen Brief an Freud vom 30. Juli 1932, der den ersten Teil von *Warum Krieg?* bildet, beantwortet Einstein diese Frage mit dezidierten Forderungen: »Die Staaten schaffen eine legislative und gerichtliche Behörde zur Schlichtung al-ler zwischen ihnen entstehenden Konflikte« (ÜdF, 205). Dies setzt »den bedingungslosen Verzicht der Staaten auf einen Teil ihrer Handlungsfreiheit bzw. Souveräni-

tät« (205f.) voraus. Dafür müsse man die Machtgelüs-
te der herrschenden Schichten zurückdrängen und sie
daran hindern, das Volk »ihren Gelüsten dienstbar zu
machen« (206). Einstein stellt abschließend diese Frage
an Freud: »Gibt es eine Möglichkeit, die psychische
Entwicklung des Menschen so zu leiten, dass sie den
Psychosen des Hasses und des Vernichtens gegenüber
widerstandsfähiger werden?« (207) Einstein hatte wohl
einige Texte von Freud gelesen und fügte hinzu: »Im
Menschen lebt ein Bedürfnis zu hassen und zu ver-
nichten. Diese Anlage ist in gewöhnlichen Zeiten latent
vorhanden und tritt dann nur beim Abnormalen zutage;
sie kann aber verhältnismäßig leicht geweckt und zur
Massenpsychose gesteigert werden« (206). Nun erwar-
tete er von Freud, dass er »auf Wege der Erziehung
hinweisen kann, die auf einem gewissermaßen unpoliti-
schen Wege psychologische Hindernisse zu beseitigen
imstande sind« (205).

Einstein steht in der Tradition von Kants Aufsatz
Zum Ewigen Frieden. Ein philosophischer Entwurf
aus dem Jahre 1795. In diesem Text fragte sich Kant,
wie der Frieden verwirklicht werden kann, obwohl die
Herrscher ihn aus Machtinteressen nicht wollen [und
obwohl] der Mensch in seinem zwiespältigen Wesen
nicht fähig [ist], ihn herbeizuführen. Kants Antwort auf
diese Fragen war erstens, dass die Verfassung der Staaten »republikanisch« sein sollte und Institutionen besit-
zen müsste, durch die der Mensch »ein guter Bürger zu

sein gezwungen wird« (Kant, 224), und zweitens, dass ein »Friedensbund« – als Antizipation des Völkerbunds und der heutigen Vereinten Nationen – geschaffen werden müsste.

Albert Einstein, der 1921 den Nobelpreis für Physik erhalten hatte, war zur Zeit der Entstehung von *Warum Krieg?* einer der weltweit berühmtesten Naturwissenschaftler. Er war auch eine leitende Gestalt der pazifistischen Bewegung. 1915 war er dem pazifistischen Bund »Neues Vaterland« beigetreten. Am 16. September 1915 hatte er Romain Rolland – eine Bezugsfigur der Pazifisten seit dem Erscheinen des Manifests *Au-dessus de la mêlée (Über dem Schlachtgetümmel)* im *Journal de Genève* vom 15. September 1914 – in Vevey am Genfer See besucht.

Im 1916 vom Berliner Goethebund herausgegebenen Sammelband *Das Land Goethes* steht ein Beitrag Einsteins, in dem er schreibt, dass »der Krieg zu den ärgsten Feinden der menschlichen Entwicklung gehört« (DLG, 30) neben dem Aufsatz von Sigmund Freud über »Vergänglichkeit«, in dem Freud beklagt »[der Krieg habe] unseren Stolz auf die Errungenschaften unserer Kultur gebrochen« (Freud, DLG, 37f. GW X, 360).

Der Kontrast zwischen Einsteins radikal pazifistischer Position und Freuds melancholisch-pessimistischer Tonlage ist auffällig. Ebenso auffällig ist der Unterschied zwischen Einsteins und Freuds Beiträgen zur Festschrift zum sechzigsten Geburtstag von Romain

Rolland, dem *Liber amicorum (Buch der Freunde)*, im Jahr 1926: Enthusiastisch pazifistisch ist Einsteins Beitrag, deutlich kürzer und bei aller Herzlichkeit verhaltener fällt Freuds Hommage an Rolland aus.

Als Demokrat sah es Einstein als Recht und Pflicht des Individuums, sich durch Verweigerung und zivilen Ungehorsam zu wehren, wenn der Staat ihm Handlungen vorschreibt, die das eigene Gewissen als Unrecht verwirft. In dem schon erwähnten Genfer Vortrag vor dem Joint Peace Council fasste er 1932 ohne jedes Zugeständnis an die guten diplomatischen Manieren seine pazifistischen Überzeugungen zusammen und verlangte, dass die Abrüstungskonferenz des Völkerbunds sich nicht nur mit einer Vereinbarung über zulässige und verbotene Waffen zufriedengebe, die in seinen Augen eine scheinheilige Halbheit gewesen wäre. Umso aufsehenerregender war Einsteins Meinungsumschwung nach der Machtergreifung der Nazis. Ab 1933 distanzierte er sich von seinem absoluten Pazifismus und empfahl den westlichen Regierungen, sich auf einen Angriffskrieg durch militärische Aufrüstung vorzubereiten. Die Kriegsdienstverweigerung in den von Nazi-Deutschland bedrohten Ländern hielt er nunmehr für eine unverantwortliche Position. Diese politische Kehrtwendung befremdete viele Freunde Einsteins. In einem Brief vom September 1933 an Stefan Zweig schrieb Romain Rolland:

Einstein ist als Freund einer Sache gefährlicher als ihr Feind. Genie hat er nur in seiner Wissen-

schaft. Auf anderen Gebieten ist er ein Tor. Seine
Erklärungen, die er vor 2 Jahren zugunsten der
Wehrdienstverweigerung in Amerika abgab, waren
absurd und haltlos. [...] Zu glauben und junge Men-
schen glauben zu machen, daß ihre Verweigerung
den Krieg aufhalten könnte, war von verbrecheri-
scher Naivität. [...] Nun macht er eine Kehrtwen-
dung und verrät die Kriegsdienstverweigerer mit
derselben Leichtfertigkeit, mit der er sie gestern
unterstützte (RR/SZ, 535f.).

Am 2. August 1939, vier Wochen vor dem deutschen
Überfall auf Polen und dem Ausbruch des Zweiten
Weltkriegs, unterzeichnete Einstein einen Appell an
Präsident Roosevelt, die militärische Anwendbarkeit
der Atomkraft zu prüfen, bevor die neu entdeckte Uran-
spaltung von den Nazis ausgenutzt werden könnte. In
dieser Weise machte sich Einstein indirekt mitverant-
wortlich für die Atombombenabwürfe auf Hiroshima
und Nagasaki. »Dies hielt ich für nötig angesichts der
furchtbaren Gefahr, daß die Nazi-Regierung zuerst
in den Besitz der Atomwaffe hätte kommen können«
(ÜdF, 567), erklärte er im Jahre 1952.

RECHT UND GEWALT

In der letzten Phase der Vorbereitung der Druckvorlage
machte das Internationale Institut für geistige Zusam-

menarbeit den Vorschlag, den Briefwechsel zwischen Einstein und Freud unter dem Titel *Recht und Macht* zu veröffentlichen. Eine Stelle in Einsteins offenem Brief an Freud legte diese Überschrift nahe. Um Kriege zu verhüten, sollte eine überstaatliche Organisation geschaffen werden, schrieb Einstein, der die Macht übertragen werden sollte, die zwischen den Staaten entstehenden Konflikte im Namen des internationalen Rechts zu schlichten. Einstein fügte hinzu:

Recht und Macht sind unzertrennlich verbunden, und die Sprüche eines Rechtsorgans nähern sich umso mehr dem Gerechtigkeitsideal der Gemein- schaft, in deren Namen und Interesse Recht gespro- chen wird, je mehr Machtmittel diese Gemeinschaft aufbringen kann, um die Respektierung ihres Ge- rechtigkeitsideals zu erzwingen (ÜdF, 205).

Nun aber erklärte sich Freud mit dem Titel *Recht und Macht* unzufrieden. Am 23. Dezember 1932 schrieb er an André Cœuroy, den Generalsekretär des Inter- nationalen Instituts für geistige Zusammenarbeit, um diesen Titel als »völlig unzureichend und irreführend« (Freud/Cœuroy, 63) abzulehnen und stattdessen *Warum Krieg?*, auf Französisch *Pourquoi la guerre?* in Vor- schlag zu bringen. Anfang Dezember 1932 war Einstein nach Pasadena (Kalifornien) verreist, sodass die end- gültige Entscheidung über den Titel der Broschüre ohne ihn getroffen wurde – und zugunsten des Freud'schen Vorschlags fiel.

In *Warum Krieg?* bezieht sich Freud ausdrücklich auf Einsteins Bemerkung zum Thema Recht und
Macht. »Sie beginnen mit dem Verhältnis von Recht
und Macht. […] Darf ich das Wort ›Macht‹ durch das
grellere, härtere Wort ›Gewalt‹ ersetzen?« (GW XVI,
14) Und er setzt fort: »Recht und Gewalt sind uns heute
Gegensätze. Es ist leicht zu zeigen, daß sich das eine
aus dem anderen entwickelt hat. […] Gewalt wird gebrochen durch Einigung, die Macht dieser Geeinigten
stellt nun das Recht dar im Gegensatz zur Gewalt des
Einzelnen. […] Es ist noch immer Gewalt, bereit sich
gegen jeden Einzelnen zu wenden« (GW XVI, S. 15).

Diese Dekonstruktion des konventionellen Gegensatzes Recht versus Gewalt bereitet in Freuds Text die
nächste noch gewagtere Dekonstruktion des Gegensatzes Friede versus Krieg vor. Der Rechtsstaat wie das
internationale Friedensrecht ergeben sich aus dem Ein-
satz einer institutionellen Gewalt – der Zentralgewalt
eines Staates oder einer internationalen Organisation –
gegen die Herrschaft der größeren Macht. »Das Recht
ist die Macht einer Gemeinschaft. Es ist noch immer
Gewalt, bereit sich gegen jeden Einzelnen zu wenden,
der sich ihr widersetzt« (GW XVI, 15). Einige Seiten weiter betont Freud: »Es ist ein Fehler in der Rechnung,
wenn man nicht berücksichtigt, daß Recht ursprünglich
rohe Gewalt war und noch heute der Stützung durch
die Gewalt nicht entbehren kann« (GW XVI, 19f.). Nach
dem gleichen Modell zeigt Freud in *Warum Krieg?*, dass

der Friede erst dann gestiftet werden kann, wenn die Gewalt der dem Kulturideal entsprechenden sittlichen Gebote im inneren Konflikt, der in jedem Individuum ausgetragen wird, und in den Beziehungen zwischen den Staaten und Nationen die entgegengesetzte Gewalt der Aggressionstriebe besiegt. Gegen die als falsch entlarvte Polarität von Gewalt/Krieg/Aggressionstrieb auf der einen Seite und Recht/Friede/Eros auf der anderen Seite, gegen »die theoretische Verklärung des weltbekannten Gegensatzes von Lieben und Hassen« behauptet Freud, dass »der eine dieser Triebe […] ebenso unerlässlich [ist] wie der andere, aus dem Zusammen- und Gegeneinanderwirken der Beiden gehen die Erscheinungen des Lebens hervor« (GW XVI, 20). Dieses Zusammen- und Gegeneinanderwirken des Eros und des Aggressionstriebs bringt ebenfalls die Kulturentwicklung, beziehungsweise den Zivilisationsprozess in Bewegung.

Wie man sieht, bildet Freuds Antwort auf Einsteins Betrachtungen über Macht und Recht im Zusammenhang des Briefwechsels zum Thema Krieg und Frieden keine Abschweifung, sondern eine Einleitung in die Denkmethode der psychoanalytischen Anthropologie. Als er den vom Internationalen Institut für geistige Zusammenarbeit vorgeschlagenen Titel »Recht und Macht« ablehnte, wollte Freud die Bedeutung der Frage nach dem Verhältnis von Recht, Macht und Gewalt keineswegs in Abrede stellen, sondern vielmehr betonen, dass die damit verknüpfte Frage nach den Möglichkeiten der Kriegsverhütung und der Friedensstiftung den eigentlichen Schwerpunkt der geplanten Publikation bilde und in deren Überschrift besser zur Geltung kommen müsse.

Dass Freud die Problematik von Recht und Gewalt für besonders wichtig hielt, geht aus dem Teilabdruck seines Beitrags zu *Warum Krieg?* in der Zeitschrift *Die psychoanalytische Bewegung* unter dem Titel »Über Recht, Gewalt und ihre Triebgrundlage« klar hervor.

In diesem Abdruck der ersten zehn Seiten von Freuds Antwort auf Einsteins offenen Brief vom 30. Juli 1932 wurden alle Stellen, die an den Dialog mit Einstein anknüpfen, ausgelassen. In der Fußnote 1 wurde von der Redaktion der Zeitschrift erklärt: »Wir entnehmen diese Erörterung dem eben vom Internationalen Institut für geistige Zusammenarbeit, Paris, herausgegebenen Büchlein ›Warum Krieg?‹ Ein Briefwechsel zwischen Albert Einstein und Sigmund Freud« (Freud 1933, 207).

SIGMUND FREUDS
ANTHROPOLOGIE DES KRIEGES

1932 ist Freud sechsundsiebzig Jahre alt, das heißt dreiundzwanzig Jahre älter als Einstein. Im Sommer 1914 hatte er zuerst gar nicht als Pazifist reagiert. Am 23. August 1914 schrieb er selbstkritisch an Sándor Ferenczi:

Der Aufschwung der Begeisterung in Österreich
hat mich zuerst mit fortgerissen. Anstelle des Wohl-
stands und der internationalen Praxis, die nun für
lange Zeit abgetan sind, hoffte ich ein lebensfähi-
ges Vaterland zu bekommen, aus dem der Sturm des
Krieges die ärgsten Miasmen weggeweht hätte und
in dem die Kinder vertrauensvoll leben könnten. Ich
habe wie viele andere plötzlich Libido für A. U. [Ös-
terreich-Ungarn] mobilisiert. [...] Allmählich stellte
sich ein Unbehagen ein. (Freud/Ferenczi, II/1, 65f.)
Die erste Verarbeitung seines Unbehagens in der
Kriegskultur findet man in seinem, in einer Amsterdamer Zeitschrift veröffentlichten offenen Brief an Frede-
rik van Eeden vom 28. Dezember 1914. »Die primitiven,
wilden und bösen Impulse der Menschheit [sind] bei
keinem einzelnen verschwunden«, schreibt er, »sondern [bestehen] noch fort, wenngleich verdrängt, im
Unbewussten [...] und [warten] auf die Anlässe, um
sich wieder zu betätigen« (Nachtragsbd. 697).

Der nächste Schritt ist 1915 *Zeitgemäßes über Krieg*
und Tod. Unter diesem Titel, der wie ein ironisches
Echo auf Nietzsches *Unzeitgemäße Betrachtungen*
klingt, versammelt Freud den Essay »Die Enttäuschung
des Krieges« und den Vortragstext »Unser Verhältnis
zum Tode«. Ein zentraler Passus lautet: »Die Völker
gehorchen ihren Leidenschaften derzeit weit mehr
als ihren Interessen. Sie bedienen sich höchstens der
Interessen, um die Leidenschaften zu rationalisieren;

sie schieben ihre Interessen vor, um die Befriedigung ihrer Leidenschaften begründen zu können« (GW X, 340). Dieser Gedanke Freuds macht verständlich, warum alle Versuche, gegen den Krieg mit vernünftigen Argumenten zu sprechen und eine Friedensverhandlung im rationalen Interesse der Kriegsparteien anzubahnen, so oft zum Scheitern verurteilt sind. Während eines Kriegs wird offensichtlich, dass »auch die Triebumbildung, auf welcher unsere Kultureignung beruht, durch Einwirkungen des Lebens – dauernd oder zeitweilig – rückgängig gemacht werden« kann (GW X, 338), sodass die heutige Kulturmenschheit »wie die Urmenschen eine Rotte von Mördern« (GW X, 351) darstellt. Freuds Schlussbemerkung ist pessimistisch: »Der Krieg ist [...] nicht abzuschaffen; solange die Existenzbedingungen der Völker so verschieden und die Abstoßungen unter ihnen so heftig sind, wird es Kriege geben müssen« (GW X, 354).

Diese Thesen aus dem Jahre 1915 sind der Ausgangspunkt der Theorieentwicklung, die in Freuds Beitrag zu *Warum Krieg?* ihren Abschluss finden.

1930, zwei Jahre vor der Niederschrift seiner Antwort auf den offenen Brief Albert Einsteins, hatte Freud in *Das Unbehagen in der Kultur* die berühmte Formel zitiert, die zum ersten Mal in der *Asinaria (Eselkomödie)* von Plautus vorkommt, und die unter anderem Montaigne, Hobbes und Schopenhauer angeführt haben: *Homo homini lupus.*

Der Mensch [ist] nicht ein sanftes, liebebedürftiges Wesen […], das sich höchstens, wenn angegriffen, auch zu verteidigen vermag, […] er [darf] zu seinen Triebbegabungen auch einen mächtigen Anteil von Aggressionsneigung rechnen […] Homo homini lupus […] Die Kultur muß alles aufbieten, um den Aggressionstrieben der Menschen Schranken zu setzen (GW XIV, 470f.).

Selbst unter sonst nahestenden Kulturräumen kann der »Narzissmus der kleinen Differenzen« zu Kriegen führen, schreibt Freud im *Unbehagen in der Kultur*, da es immer möglich ist, »eine größere Menge von Menschen in Liebe aneinander zu binden, wenn nur andere für die Äußerung der Aggression übrigbleiben« (GW XIV, 473).

Im Zentrum der Freud'schen Kulturauffassung steht der Widerspruch von Kultur- und Triebansprüchen. Dieser Widerspruch ist aber keineswegs als der Gegensatz zwischen Gewaltfreiheit auf der Seite der Kultur und Aggressionstrieben auf der Seite des Krieges zu verstehen. Die Kultur ist für Freud ein mit Gewalt gefestigter Herrschaftszusammenhang: »[D]ie Kultur [ist] etwas […], was einer widerstrebenden Mehrheit von einer Minderzahl auferlegt wurde, die es verstanden hat, sich in den Besitz von Macht- und Zwangsmitteln zu setzen« (GW XIV, 327), schreibt Freud in der *Zukunft einer Illusion* aus dem Jahre 1927.

Der Kultur- beziehungsweise der Zivilisationsprozess beginnt, wenn das Individuum daran gehindert wird, seine aggressiven Impulse auszuleben und diese Impulse gegen sich selbst wenden muss. Alles, was man unter den Begriffen »Gewissen« und »Schuldgefühl« versteht, die Introjektion des Kultur-Ideals in das Über-Ich, die Beherrschung von Ich und Es durch das Über-Ich, setzt voraus, dass die Gewalt des Aggressionstriebs von der Kultur selbst eingesetzt wird, um die der Kultur entgegenstehende Aggression zu hemmen. Freud schreibt im Kapitel VII des *Unbehagens in der Kultur:*

> *Die Aggression wird introjiziert, verinnerlicht, eigentlich aber dorthin zurückgeschickt, woher sie gekommen ist, also gegen das eigene Ich gewendet. [...] Die Kultur bewältigt also die gefährliche Aggressionslust des Individuums, indem sie es schwächt, entwaffnet und durch eine Instanz in seinem Inneren, wie durch eine Besatzung in der eroberten Stadt, überwachen läßt (GW XIV, 482f.).*

Im Lichte der Freud'schen Psycho-Anthropologie wird der Frieden erst dann gestiftet, wenn die Gewalt der Kulturgebote im inneren Konflikt, der in jedem Individuum ausgetragen wird, den Sieg über die entgegengesetzte Gewalt der Aggressions- und Destruktionstriebe davongetragen hat. Beide Gewalten schöpfen aus dem Aggressionspotenzial ihre Wirkungskraft: Im Dienste des Zivilisationsprozesses wird die Aggression gegen das eigene Ich gewendet; wenn aber das Individuum im Kriegsgeschehen verstrickt ist,

kehrt sich die Aggression zur Abwehr der Lebensgefahr und zur Bekämpfung der »Feindes« wieder nach
außen. Der von den Kulturmenschen zurückgelegte
Bildungsweg zur Humanität müsste die angeborene
Triebanlage verändert, sozusagen verbessert haben,
damit die Regression zum Urmenschen unmöglich
würde. Freud hält aber alle zeitgenössischen Projekte
der Erziehung des Menschengeschlechts zum »neuen
Menschen« für Utopien. Sind wir alle Pazifisten und
potenzielle Bellizisten zugleich? So einfach ist Freuds
Auffassung nicht: Gerade in *Warum Krieg?* erklärt er,
der Kulturmensch sei zum »Pazifisten aus organischen
Gründen« geworden. Ich komme im Folgenden auf
dieses Thema zurück.

KEIN »ARZT DER KULTUR«

Am Anfang von *Warum Krieg?* gesteht Freud seine
politische »Inkompetenz« ein:

> *Sie haben mich [...] durch die Fragestellung über-*
> *rascht,* schreibt er in diesem offenen Antwortbrief
> an Albert Einstein, *was man tun könne, um das Ver-*
> *hängnis des Krieges von den Menschen abzuweh-*
> *ren. Ich erschrak zunächst unter dem Eindruck mei-*
> *ner – fast hätte ich gesagt: unserer – Inkompetenz,*
> *denn das erschien mir als eine praktische Aufgabe,*
> *die den Staatsmännern zufällt (GW XVI, 13).*

Als Vertreter der altliberalen politischen Kultur, die seit dem Untergang der Habsburgermonarchie in die »Welt von gestern« abgedrängt worden ist, hat Freud für die kommunistische Weltanschauung, die zum Beispiel den von Barbusse und Rolland initiierten internationalen Kongress gegen den imperialistischen Krieg in Amsterdam beherrscht, keine Sympathie. In *Warum Krieg?* schreibt er:

> *Es gibt Personen, die vorhersagen, erst das allgemeine Durchdringen der bolschewistischen Denkungsart werde den Kriegen ein Ende machen können, aber von solchem Ziel sind wir heute jedenfalls weit entfernt, und vielleicht wäre es nur nach schrecklichen Bürgerkriegen erreichbar (GW XVI, 19).*

Angesichts der von den westlichen Demokratien auf den Völkerbund als übernationale Instanz der Kriegsverhütung gesetzten Hoffnungen hegt Freud jedoch gemischte Gefühle. Seit 1930 arbeitet er zusammen mit William Bullitt an einer kritischen Charakterstudie des amerikanischen Präsidenten Thomas Woodrow Wilson. Freud hatte für Bullitts hasserfülltes Ressentiment gegen Wilson viel Verständnis. Er hielt dessen Vierzehn-Punkte-Programm zur Friedensstiftung in Europa und in der Welt für ein fehlgeleitetes Projekt, das »fast in allen Punkten das Gegenteil von dem herbeigeführt hat, was [es] erreichen wollte« (GW, Nachtragsband, 688), wie er in der geplanten Einleitung zur

Wilson-Monografie schreibt. Die Errichtung eines Völkerbunds war ja der vierzehnte Punkt, gleichsam der Höhepunkt auf Wilsons Wunschliste.

In Freuds Augen war Wilson ein idealistischer Schwärmer, der

wiederholt versicherte, daß ihm bloße Tatsachen nichts bedeuten, daß er nichts anderes als menschliche Gesinnungen und Absichten hochschätze. Infolge dieser Einstellung war es ihm natürlich, die Tatsachen der realen Außenwelt in seinem Denken zurückzudrängen, ja zu verleugnen, wenn sie seinen Erwartungen und Wünschen widersprachen (GW, Nachtragsband, 687).

Freud selbst vertrat den Standpunkt des politischen Realismus und misstraute allen Formen des sich Illusionen hingebenden Wunschdenkens. Auch die Möglichkeit einer Befriedung der Welt, wie sie der militante Pazifismus Einsteins anstrebte, war in seinen Augen eine Illusion, eine zweifellos edle und doch wirklichkeitsfremde Vorstellung.

Deshalb zeigt sich Freud in seiner Antwort auf Einsteins offenen Brief über die Wirkungsmöglichkeiten des Völkerbunds skeptisch. »Der Völkerbund hat keine eigene Macht und kann sie nur bekommen, wenn die Mitglieder der neuen Einigung, die einzelnen Staaten, sie ihm abtreten. Dazu scheint aber derzeit wenig Aussicht vorhanden (GW XVI, 18).« Die neue internationale Organisation sei die aktuelle Form der alten

Idee einer durch »den Zwang der Gewalt und die Gefühlsbindungen« zusammengehaltenen Gemeinschaft der Staaten, meint Freud, die an die historischen Modelle der panhellenischen Idee und des »christlichen Gemeingefühls« erinnere, die aber die »kriegerischen Streitigkeiten zwischen den Partikeln des Griechenvolkes« und die Kriege der christlichen Klein- und Großstaaten keineswegs verhindert hätten. Heute sei aber die Macht der Ideen, die zur Gründung des Völkerbunds geführt hätten, schwächer denn je. »Daß die heute die Völker beherrschenden nationalen Ideale zu einer gegenteiligen Wirkung drängen, ist ja allzu deutlich. [...] So scheint es also, daß der Versuch, reale Macht durch die Macht der Ideen zu ersetzen, heute noch zum Fehlschlagen verurteilt ist« (GW XVI, 19).

Freuds distanzierte Haltung gegenüber dem Völkerbund erklärte sich zudem aus seinem Gefühl, bisher von dieser internationalen Organisation nicht ernst genommen worden zu sein. Dies zeigt seine Reaktion auf den Brief von Leo Steinig, dem Mitarbeiter der Internationalen Kommission für geistige Zusammenarbeit des Völkerbunds, der ihm am 16. Juni das Projekt eines Dialogs mit Einstein unterbreitet hatte, dessen Themen er so skizzierte:

Die Psychoanalyse und die Friedensbewegung; der Anteil des Unbewußten am Ausbruch kriegerischer Konflikte; Aggressionstrieb und Krieg; Anwendung neuer aus der Psychoanalyse sich ergebender

*Grundsätze auf die Erziehung, in der Absicht, den
Aggressionstrieb sozialen (aufbauenden und erhal-
tenden) Tendenzen dienstbar zu machen und seine
antisoziale (zerstörende, vor allem kriegerische)
Betätigung einzudämmen (Tögel, 87).*

Freuds Antwort vom 21. Juni 1932 zeugt von seiner Er-
leichterung, von dem Völkerbund nicht länger ignoriert
zu werden:

*Die Worte, in denen Sie Ihre und Einsteins Erwar-
tungen von einer zukünftigen Rolle der Psychoanalyse im Menschen- und Völkerleben ausdrücken,
klingen mir echt und mußten mir außerordentlich
wohl tun. Es war mir keine geringe Kränkung, daß
ich bisher von seiten des Völkerbundes nicht das
geringste Zeichen einer Teilnahme für unsere Be-
mühungen gemerkt habe, während wir unsere Arbeit
nur unter den größten sozialen und materiellen
Schwierigkeiten aufrecht halten können. Praktische
wie ideale Gesichtspunkte treffen also zusammen,
um mich zu bewegen, daß ich mich dem Institut für
geistige Zusammenarbeit mit dem ganzen Rest meiner Kräfte zur Verfügung stelle (Tögel, 89).*

Wenn Freud hier die bisherige Gleichgültigkeit des
Völkerbunds gegenüber der Psychoanalyse beklagt,
meint er wahrscheinlich mehr als die ideelle Anerken-
nung, die er vermisst habe. Eine Stelle in der Rezen-
sion von Edward Glovers 1933 erschienenen Buch über
Krieg, Sadismus und Pazifismus, das im Folgenden

noch besprochen werden soll, macht fühlbar, wie unzufrieden Freud und seine Mitstreiter mit dem Völkerbund waren:

> *Wie viele Millionen wurden bisher vom Völkerbund oder ihm angegliederten Vereinigungen zur psychologischen Erforschung der auf Krieg hinzielenden menschlichen Triebe verwendet? [...] Nicht einen Pfennig widmet der Völkerbund der Aufhellung dieser ihn nahe angehenden Probleme (C. S. 1933, 531).*

In seinem Beitrag zu *Warum Krieg?* bemüht sich Freud, aus dem ehrenvollen Angebot der Völkerbund-Kommission, ein Gipfelgespräch über Krieg und Frieden mit Einstein zu führen, das Beste zu machen und zugleich so wenig wie möglich Zugeständnisse an die Rhetorik des Völkerbunds, die er für eine hohle Phrasendrescherei hält, zu konzedieren. Freud »meinte, dass er wenig Erfreuliches zu sagen haben wird: ›Ich habe den Menschen mein Leben lang schwer zu ertragende Wahrheiten sagen müssen; auf meine alten Tage kann ich ihnen nicht Honig auf den Mund schmieren‹« (ÜdF, 207), berichtete am 12. September 1932 Leo Steinig in einem Brief an Einstein.

Noch etwas in Einsteins offenem, an ihn gerichteten Brief hat Freud gestört. Im letzten Abschnitt fordert ihn Einstein dazu auf, »das Problem der Befriedung der Welt [...] im Lichte seiner neuen Erkenntnisse besonders darzustellen« (ÜdF, 207) – als ob Freud der »philosophische Arzt der Kultur im ausnahmsweisen

Sinne des Wortes« wäre, von dem Nietzsche 1887 im Vorwort zur zweiten Ausgabe der *Fröhlichen Wissenschaft* träumte, – ein Arzt, der »dem Problem der Gesammt-Gesundheit von Volk, Zeit, Rasse, Menschheit nachzugehn« (KSA 3, 349) habe. Nun aber war sich Freud immer der Schwierigkeit, ja der schlichten Unmöglichkeit bewusst, die Methode der psychoanalytischen Therapie auf das nichttherapeutische Terrain der Kulturanalyse zu übertragen.

Wenn sich ein Psychoanalytiker vorwagt, als Psychotherapeut seiner Gesellschaft aufzutreten, ohne die Methode der psychoanalytischen Sozialpsychologie geklärt zu haben, ist das Resultat manchmal recht dünn. Diesen Eindruck erweckt zum Beispiel der Essay des schottischen Psychoanalytikers Edward Glover, *War, Sadism and Pacifism*, der 1933 einige Monate später als *Warum Krieg?* in London erschien und ebenfalls im Umfeld des Völkerbunds entstand.

> *In the summer of 1931, I was invited to lecture at a Summer School of the International Federation of League of Nations Societies at Geneva. The organizer of this School (Captain Lothian Small) felt that it was desirable for students to know just how much light could be thrown on war problems by modern psycho-analytical psychology (Glover, 5),*

schreibt der Autor im Vorwort. Edward Glover stellt seinem Buch ein Zitat aus Freuds Beitrag zu *Warum Krieg?* voran und geht von der Annahme aus, dass man erst dann »den Krieg abschaffen« kann, wenn man zuerst die »sadistischen Impulse« und die Geschichte ihrer Bekämpfung untersucht (Glover, 43), bevor man die therapeutische Psychoanalyse als Heilmittel gegen den Krieg einsetzt.

Otto Fenichel hat sich mit der Schrift Edward Glovers kritisch auseinandergesetzt und vor solchen Rückfällen in den Psychologismus gewarnt. Fenichels These kommt in diesen Sätzen zum Ausdruck:

> *Daß die Massen hineingezogen werden, ist nicht den Trieben der Massen zu verdanken, sondern dem Umstand, daß […] die Menschen, die in wahren Interessengegensätzen stehen, die Macht auch über jene haben, die nicht in objektiven Interessengegensätzen stehen. Die Macht benutzen sie, um jene einmal durch Angst zu zwingen, dann aber auch, um ihre (aggressiven und anderen) Strukturen (etwa durch Erziehung) in einem ihnen erwünschten Sinne zu ändern (Fenichel, 137).*

Fenichels Kritik an Glovers *War, Sadism and Pacifism* macht auf eine grundsätzliche Schwierigkeit der Anwendung der Psychoanalyse auf so komplexe Fragen wie die Suche nach den Ursachen eines Krieges aufmerksam. Bei Glover wird die kriegführende Nation als Großindividuum aufgefasst, dessen Aggressionspotenzial sich aus der Summierung der individuellen Aggressionstriebe ergibt. Dabei wird die innere, konfliktreiche Pluralität der nationalen Gemeinschaft zu wenig berücksichtigt. Die beherrschende Schicht manipuliert die Bevölkerung, um sie »ihren Gelüsten dienstbar zu machen« (ÜdF, 206), wie Einstein in seinem offenen Brief an Freud schreibt, und unterdrückt jeden Opponenten als inneren Feind. Fenichel wollte vor einem zu schnellen Übergang von der Analyse der individuellen Psyche zur Gruppenpsychologie warnen und daran erinnern, dass die Frage »Warum Krieg?« von der Psychoanalyse allein und ohne den Beitrag der Sozialwissenschaften kaum beantwortet werden kann.

Freud selbst hat sich von Glovers Buch nicht ausdrücklich distanziert. In *Warum Krieg?* verfuhr er aber viel vorsichtiger als sein schottischer Schüler. Als Antwort auf Einsteins Brief unternahm er es, »ein Stück der Trieblehre vor[zu]tragen, zu der wir in der Psychoanalyse nach vielem Tasten und Schwanken gekommen sind« (GW XVI, 20), und zeigte noch einmal, wie meisterhaft er seine Theorien zusammenzufassen und dabei auf prägnante Formeln zu bringen vermochte. Das Kernstück des Freud'schen Beitrags zu *Warum Krieg?* hat das Niveau der *Neuen Folge der Vorlesungen zur Einführung in die Psychoanalyse*, an der Freud 1932 gerade arbeitete, als er Einsteins offenen Brief erhielt.

Sein Schluss muss Einstein und die Mitglieder der Internationalen Instituts für geistige Zusammenarbeit ernüchtert haben: »[E]s [hat] keine Aussicht […], die aggressiven Neigungen der Menschen abschaffen zu wollen. […] Wenn die Bereitwilligkeit zum Krieg ein

Ausfluß des Destruktionstriebs ist, so liegt es nahe, gegen sie den Gegenspieler dieses Triebes, den Eros, anzurufen. Alles, was Gefühlsbindungen unter den Menschen herstellt, muß dem Krieg entgegenwirken« (GW XVI, 23). Diese Lösung verspreche aber keinen raschen Erfolg. »Ungern denkt man an Mühlen, die so langsam mahlen, daß man verhungern könnte, ehe man das Mehl bekommt« (GW XVI, 24).

ÜBER SCHLAFWANDLER, DIE IN DEN KRIEG ZIEHEN, UND »GERECHTE« KRIEGE

»Warum Krieg?«, die Frage nach der menschlichen Eignung zum Kriege und zur Friedensstiftung ist eine theoretische, anthropologische, sozialphilosophische, die aus der Sicht der Geschichtswissenschaft unhistorisch erscheint. Die Historiker beschäftigen sich nicht mit dem Krieg überhaupt, sondern mit den Ursachen dieses oder jenes Krieges, mit dem Krieg in einer bestimmten Epoche und in einem bestimmten geopolitischen Raum. Für sie hat jeder Krieg vielschichtige Ursachen, materielle ebenso wie ideologische, wirtschaftliche ebenso wie psychologische.

In bestimmten Fällen erscheinen die Freud'sche und die historische Perspektive sogar als unvereinbar. In seinem bekannten Werk *Die Schlafwandler. Wie Europa in den Ersten Weltkrieg zog*, dessen Titel an den Roman von Hermann Broch erinnert, hat Christopher Clark gezeigt, dass die Krise im Sommer 1914 so komplex war, dass »Warum-Fragen« besonders schwierig zu beantworten sind. Der Titel *Die Schlafwandler* suggeriert dem Leser keineswegs, dass der in den sozialen Diskursen verbreitete Bellizismus und, nach Freuds Formel in *Warum Krieg?*, »die Lust an der Aggression und Destruktion« (GW XVI, 21) die entscheidenden Ursachen waren – selbst wenn man die Verantwortung der Kriegstreiber (Militärs, Politiker, Journalisten, usw.), wie sie zum Beispiel in Karl Kraus' *Die letzten Tage der Menschheit* oder in Fritz Fischers *Griff nach der Weltmacht* bloßgestellt werden, keineswegs kleinredet.

Der Schein trügt, zumal in diesem Fall. Alle wollen im Nachhinein am Krieg unschuldig sein, den sie ausgelöst beziehungsweise am Anfang bejaht haben. Karl Kraus hat es in den Leitmotiven seiner Kriegstragödie »Mir san (ja) eh die reinen Lamperln« und »Ich habe es nicht gewollt« verdichtet. In *Warum Krieg?* zeigt Freud, dass die Bemäntelung der Aggressions- und Destruktionstriebe es leichter macht, den Eindruck zu erwecken, nicht der Mörder, sondern der Ermordete sei schuldig.

Die Verquickung [der] destruktiven Strebungen mit anderen, erotischen und ideellen, erleichtert natürlich deren Befriedigung. Manchmal haben wir, wenn wir von den Greueltaten der Geschichte hören, den Eindruck, die ideellen Motive hätten den

*destruktiven Gelüsten nur als Vorwände gedient,
andere Male, z. B. bei den Grausamkeiten der hei-
ligen Inquisition, meinen wir, die ideellen Motive
hätten sich im Bewußtsein vorgedrängt, die destruktiven ihnen eine unbewußte Verstärkung gebracht
(GW XVI, 21f.).*

Wenn man die Fragestellung *Warum Krieg?* nicht
historisch differenziert, wird es allerdings schwierig,
eine weitere, für die Pazifisten unbequeme Frage zu
beantworten: Gibt es gerechte Kriege und ungerechte
Friedensstiftungen? Freud ist scharfsichtig genug, um
die entscheidende Bedeutung dieser Frage zu erken-
nen, aber er begnügt sich mit dieser ausweichenden
Bemerkung: »[M]an kann nicht alle Arten von Krieg
in gleichem Maß verdammen; solange es Reiche und
Nationen gibt, die zur rücksichtslosen Vernichtung
anderer bereit sind, müssen diese anderen zum Krieg
gerüstet sein. Aber wir wollen über all das rasch hin-
weggehen« (GW XVI, 25).

Kant legte im *Streit der Fakultäten* aus dem Jahre
1798 nahe, der Verteidigungskrieg der jungen französischen Republik sei wegen »des Rechts, daß ein Volk
von anderen Mächten nicht gehindert werden müsse, sich eine bürgerliche Verfassung zu geben, wie
sie ihm selbst gut zu sein dünkt« (Kant, 358) legitim.
Dieser Verteidigungskrieg sei außerdem ein Krieg für
den Frieden, da eine republikanische Verfassung der
Menschheit möglich mache, »in die Bedingung ein-

zutreten, wodurch der Krieg (der Quell aller Übel und Verderbniß der Sitten) abgehalten« (Kant, 358f.) werden könne. Bei allem Respekt für Kants Argumente kann man jedoch einwenden, dass jeder Krieg, selbst der ungerechteste, sich propagandistisch als »Krieg für den Frieden«, als Krieg zur Verhinderung künftiger Kriege zu rechtfertigen weiß.

Die Frage, die Freud in *Warum Krieg?* beiläufig aufwirft, war für die Pazifisten der Zwischenkriegszeit und bleibt für die heutige Friedensbewegung von hoher Brisanz. Konnte man angesichts der Gefahr imperialistischer, von genozidären Ideologien getragener Aggressions- und Vernichtungskriege den Frieden, die Nicht-Gewalt, um jeden Preis verlangen? Kann man zur Verhütung oder Beendigung eines ungerechten Krieges einen ungerechten Frieden in Kauf nehmen, der sich den Kriegszielen des Aggressors beugt? Für Albert Einstein, wir haben es gesehen, stellte sich die Frage nicht lange: Unmittelbar nach der nazistischen Machtergreifung erfolgte sein vollständiger Meinungsumschwung. Von nun an befürwortete er die Aufrüstungspolitik der westlichen Demokratien und verurteilte die Kriegsdienstverweigerer. Sein offener Brief an Sigmund Freud in *Warum Krieg?* erscheint im Rückblick als der Schwanengesang des militanten Pazifisten, der er seit Anfang des Ersten Weltkriegs gewesen war. Nun bekannte er sich zum alten Spruch, den Freud am Schluss von *Zeitgemäßes über Krieg und Tod* zitierte: »Si vis pacem, para bellum. Wenn du den Frieden erhalten willst, so rüste zum Kriege« (GW X, 355).

»PAZIFISTEN AUS ORGANISCHEN GRÜNDEN«

In *Warum Krieg?* entwirft Sigmund Freud eine eigene und originelle Theorie der Psychogenese der pazifistischen Einstellung.

> *[I]ch glaube, der Hauptgrund, weshalb wir uns gegen den Krieg empören, ist, daß wir nicht anders können. Wir sind Pazifisten, weil wir es aus organischen Gründen sein müssen. Wir haben es dann leicht, unsere Einstellung durch Argumente zu rechtfertigen. [...] Diesem Prozeß [der Kulturentwicklung] verdanken wir das Beste, was wir geworden sind, und ein gut Teil von dem, woran wir leiden. [...] Vielleicht führt er zum Erlöschen der Menschenart, denn er beeinträchtigt die Sexualfunktion in mehr als einer Weise, und schon heute vermehren sich unkultivierte Rassen und zurückgebliebene Schichten der Bevölkerung stärker als hochkultivierte. Vielleicht ist dieser Prozeß mit der Domestikation gewisser Tierarten vergleichbar [...] Den psychischen Einstellungen, die uns der Kulturprozeß aufnötigt, widerspricht nun der Krieg in der grellsten Weise, darum müssen wir uns gegen ihn*

empören, wir vertragen ihn einfach nicht mehr, es
ist nicht bloß eine intellektuelle und affektive Ableh-
nung, es ist bei uns Pazifisten eine konstitutionelle
Intoleranz (GW XVI, 25f.).

In *Das Unbehagen in der Kultur* meinte Freud schon:
Das Sexualleben des Kulturmenschen ist doch
schwer geschädigt, es macht mitunter den Ein-
druck einer in Rückbildung befindlichen Funktion,
wie unser Gebiß und unsere Kopfhaare als Organe
zu sein scheinen (GW XIV, 465).

Mit dieser Theorie des Pazifismus als Ausdruck einer
»konstitutionellen Intoleranz« des Kulturmenschen
gegen den Krieg knüpft Freud an das Thema seiner
Einleitung zum Band *Zur Psychoanalyse der Kriegs-*
neurosen aus dem Jahre 1919 an. Er sprach in diesem
Aufsatz von traumatischen Neurosen, die durch einen
Ichkonflikt »zwischen dem alten friedlichen und dem
neuen kriegerischen Ich des Soldaten« verursacht werden. »Dem Friedens-Ich [werde] vor Augen gerückt,
wie sehr es Gefahr läuft, durch die Wagnisse seines
neugebildeten parasitischen Doppelgängers ums Leben
gebracht zu werden« (GW XII, 323). Das alte Ich schüt-
ze sich gegen die Lebensgefahr durch die Flucht in die
Neurose. Das »Friedens-Ich« erschrecke vor seinem im
Krieg wiedererweckten Doppelgänger-Ur-Ich.

Man kann sich fragen, warum die einen in einer Be-
völkerungsgruppe erkranken, die anderen jedoch nicht,
die den gleichen traumatischen Erfahrungen ausgesetzt

sind, und warum man in derselben Gesellschaft, in derselben Generation Pazifisten aus »konstitutioneller Intoleranz« gegen die Kriegsgewalt und kriegstüchtige Individuen findet, deren »kriegerisches Ich« die härteste Bewährungsprobe bestehen kann. Ernst Jüngers kriegsidealistischer Bestseller *In Stahlgewittern*, dessen dritte überarbeitete Auflage gerade 1933 erschien, erreichte eine große Verbreitung, während Einsteins und Freuds *Warum Krieg?* in Deutschland verboten wurde und in Österreich so gut wie unbemerkt blieb. Selbst wenn Jüngers Buch als eine Anklage gegen den Krieg gelesen werden konnte, wurde es vor allem als Glorifizierung des heldischen Frontsoldaten rezipiert, der, wie Jünger in einem Aufsatz aus dem Jahre 1925 schrieb, »eine neue, unbekannte Welt betrat – und dieses Erlebnis rief in vielen jene völlige Veränderung des Wesens hervor, die sich am besten mit der religiösen Erscheinung der Gnade vergleichen läßt, durch welche der Mensch plötzlich und von Grund auf verwandelt wird« (Jünger, 79).

Es geht hier nicht darum, den Fall Ernst Jünger zu erörtern, sondern hervorzuheben, dass Jünger den Typus des »heldischen« kriegstüchtigen Frontkämpfers verkörpert, der dem von Freud sogenannten »Pazifisten aus organischen Gründen« entgegengesetzt ist. Für den Ersteren wird der Kampf zu einem ekstatischen Erlebnis, während der Andere bedroht ist, auf dem Schlachtfeld einer traumatischen Kriegsneurose zu verfallen.

Die Kriegsneurosen gehen also nicht nur auf ein Trauma und einen Ichkonflikt zurück, sondern auch auf eine individuelle innerpsychische Dynamik.

Der in *Warum Krieg?* beschriebene Typus des »Pazifisten aus organischen Gründen« ist mit dem Kriegsneurotiker eng verwandt, den Freud 1919 analysierte. »Wir sind Pazifisten, weil wir es aus organischen Gründen sein müssen«: Der zivilisierte Mensch ist im Verlauf der Kulturentwicklung kriegsuntauglich geworden. Das kann man als einen sittlichen Fortschritt begrüßen. Freud zeigt aber die Ambivalenz eines solchen Fortschritts. Dem Prozess der Kulturentwicklung »verdanken wir das Beste, was wir geworden sind, und ein gut Teil von dem, woran wir leiden« (GW XVI, 25f.). Der Zivilisationsprozess verschärft nicht nur das Unbehagen in der Kultur, sondern die wehrlose Ausgesetztheit jenes Anteils der Kulturmenschheit, zu dem sich Freud rechnet, indem er »wir« schreibt. Bei den »unkultivierten Rassen« und »zurückgebliebenen Schichten der Bevölkerung« – um diese Worte noch einmal zu zitieren, die heute besonders hart, wenn nicht gar schockierend wirken – sei der Pazifismus »aus organischen Gründen« viel weniger verbreitet, dafür aber die Aggressionslust und die Bereitschaft zum Krieg wesentlich größer, legt Freuds Gedankenführung in *Warum Krieg?* nahe.

Diese hierarchische Kultursoziologie, verbunden mit der Vorstellung, dass der »Prozess der Kulturentwicklung« einem Prozess der »Domestikation« vergleichbar sei, lege es nahe, eine Parallele zwischen Freud als Kriegsanthropologen und Nietzsche als Kritiker der »Moral als Widernatur« und als Diagnostiker der *décadence contemporaine* zu ziehen.

»Man ist bewiesen als décadent, wenn man den Frieden der Seele höher schätzt als den Krieg, als das Leben, als die Fruchtbarkeit ... Oder anders ausgedrückt: weil man sich unfruchtbar fühlt, wählt man den Frieden« (KSA 14, 416). So schrieb Nietzsche in der ersten Fassung des »Moral als Widernatur« betitelten Kapitels der *Götzen-Dämmerung*. Auf den ersten Blick kann die Parallele zwischen Freud und Nietzsche zum Thema Krieg und Frieden jedoch nicht aufrechterhalten werden. Offenkundig ist bei Freud die Zähmung der menschlichen Ur-Bestie im Verlauf des Zivilisationsprozesses ein Gewinn für die Kultur, und der Typ des »Pazifisten aus organischen Gründen« ist ihm zweifellos viel sympathischer als der Typ des kriegstüchtigen Soldaten. Und es wirkt wie ein Pistolenschuss im Konzertsaal, wenn man diese Stelle aus *Menschliches, Allzumenschliches* in der Mitte des Kommentars von *Warum Krieg?* zitiert:

Der Krieg unentbehrlich. [...] Man wird [...] immer mehr einsehen, dass eine solche hoch cultivirte und daher nothwendig matte Menschheit, wie die der jetzigen Europäer, nicht nur der Kriege, sondern der größten und furchtbarsten Kriege – also zeitweiliger Rückfälle in die Barbarei – bedarf, um

nicht an den Mitteln der Cultur ihre Cultur und ihr
Dasein selber einzubüßen (KSA 2, 311f.).

Das Beispiel Nietzsche wirft die Frage auf, ob sich
Freud nicht irrte, wenn er meinte, die Bejahung des
Kriegs sei eine vor allem in den »zurückgebliebenen
Schichten der Bevölkerung« verbreitete Einstellung. Es
zeigt auch, wie berechtigt der melancholische Seufzer
Freuds in *Warum Krieg?* war:

> *Wie lange müssen wir nun warten, bis auch die An-*
> *deren Pazifisten werden? Es ist nicht zu sagen, aber*
> *vielleicht ist es keine utopische Hoffnung, daß der*
> *Einfluß dieser beiden Momente, der kulturellen Ein-*
> *stellung und der berechtigten Angst vor den Wir-*
> *kungen eines Zukunftskrieges, dem Kriegführen in*
> *absehbarer Zeit ein Ende setzen wird. Auf welchen*
> *Wegen oder Umwegen, können wir nicht erraten*
> *(GW XVI, 26f.).*

ARBEITET DIE KULTURENTWICKLUNG
IN JEDEM FALL FÜR DEN FRIEDEN?

»Alles, was die Kulturentwicklung fördert, arbeitet auch
gegen den Krieg« (GW XVI, 27). So lautet die Schluss-
formel Freuds in *Warum Krieg?* Am Ende dieses pessi-
mistischen offenen Briefes, in dem Freud zwischen den
Zeilen Einsteins militanten Pazifismus als eine Illusion
ohne Zukunft entlarvt, bleibt ein letzter Grund der Hoff-

nung: Die Kulturentwicklung, der Zivilisationsprozess soll »eine fortschreitende Verschiebung der Triebziele und Einschränkung der Triebregungen« bewirken.

Vorher machte Freud jedoch eine einschränkende Bemerkung: Einer der wichtigsten »psychologischen Charaktere der Kultur« sei »die Verinnerlichung der Aggressionsneigung mit all ihren vorteilhaften und gefährlichen Folgen« (GW XVI, 26). In diesem Satz wurden die Thesen verdichtet, die Freud im *Unbehagen in der Kultur* aufstellte.

Aber selbst wenn man davon ausgeht, dass die Kulturentwicklung einen Teil der Bevölkerung zu »Pazifisten aus organischen Gründen« verwandelt, besteht das Problem weiter, das Freud in *Die Zukunft einer Illusion* ansprach:

> *Wenn [...] eine Kultur es nicht darüber hinaus gebracht hat, daß die Befriedigung einer Anzahl von Teilnehmern die Unterdrückung einer anderen, vielleicht der Mehrzahl, zur Voraussetzung hat, und dies ist bei allen gegenwärtigen Kulturen der Fall, so ist es begreiflich, daß diese Unterdrückten eine intensive Feindseligkeit gegen die Kultur entwickeln, die sie durch ihre Arbeit ermöglichen, an deren Gütern sie aber einen zu geringen Anteil haben. Eine Verinnerlichung der Kulturverbote darf man dann bei den Unterdrückten nicht erwarten (GW XIV, 333).*

Der Kulturprozess wird erfolgreich, wenn er die Menschen zu Kulturträgern macht, er scheitert aber, wenn sie zu Kulturfeinden werden.

In *Warum Krieg?* lässt Freud seine Leser und Leserinnen verunsichert zurück. Die Förderung der Kulturentwicklung wird als der einzige Weg zur Kriegsverhütung und Friedensstiftung herausgestellt. Und zugleich wird klar, dass die Kultur an und für sich für die Menschheit einen schwachen Schutz gegen künftige Kriege bietet, dass Kultur jederzeit in Kriegskultur umkippen und gegen sich selbst arbeiten kann.

Es fällt außerdem auf, dass der Begriff Kultur in *Warum Krieg?* wie auch der Begriff Krieg nur im Singular verwendet wird, und dass die Polarität Kultur versus Krieg den ganzen Text strukturiert. Wenn man aber die Pluralität der Kulturen berücksichtigt, erkennt man die Gefahr, die Freud in *Die Zukunft einer Illusion* so definierte:

Die Befriedigung, die das Ideal den Kulturteilnehmern schenkt, ist [...] narzißtischer Natur, sie ruht auf dem Stolz auf die bereits geglückte Leistung. Zu ihrer Vervollständigung bedarf sie des Vergleichs mit anderen Kulturen, die sich auf andere Leistungen geworfen und andere Ideale entwickelt haben. Kraft dieser Differenzen spricht sich jede Kultur das Recht zu, die andere gering zu schätzen. Auf solche Weise werden die Kulturideale Anlaß zur Entzweiung und Verfeindung zwischen verschiedenen Kulturkreisen, wie es unter Nationen am deut-

lichsten wird. [...] Auch die Unterdrückten können
an [dieser narzisstischen Befriedigung] Anteil ha-
ben, indem die Berechtigung, die Außenstehenden
zu verachten, sie für die Beeinträchtigung in ihrem
eigenen Kreis entschädigt (GW XIV, 334).

In diesem Fall nährt der Kulturstolz den Nationalismus,
erhöht die gesellschaftliche Kohäsion und hilft, sich
von der kulturellen Identität des Feindes abzugrenzen.

In *Das Unbehagen in der Kultur* schrieb Freud, die
Kultur sei »ein Prozeß im Dienste des Eros, der ver-
einzelte menschliche Individuen, später Familien, dann
Stämme, Völker, Nationen zu einer großen Einheit, der
Menschheit, zusammenfassen wolle« (GW XIV, 481).
Und doch vermag auch der Krieg – zumal der im Namen der eigenen, ihrer Überlegenheit sicheren Kultur
ausgetragene Krieg – gemeinschaftsbildend zu wirken,
da er nationalistische Ideologien schürt, für die es allerdings nicht auf die Einheit der Menschheit, sondern nur
auf die Überlegenheit der eigenen nationalen Kultur
ankommt.

Die europäischen Kulturen waren zur Zeit der Entstehung von *Warum Krieg?* innerlich gespalten in
Friedens- und Kriegskulturen. Seit der zweiten Hälfte
der zwanziger Jahre war in Deutschland und in Österreich (und dies trifft für viele europäische Länder zu)
eine wachsende Militarisierung der politischen Kultur
zu beobachten. In der Weimarer Republik besetzte der
»Stahlhelm, Bund der Frontsoldaten« den öffentlichen

54

Raum durch Massenkundgebungen und Aufmärsche in Uniform und verbreitete eine heroisierende Erinnerungskultur, die den Frontkämpfer und die »Frontgemeinschaft« als vorbildhaft für die Politik und die ganze Gesellschaft hinstellte. In Österreich war eine vergleichbare Militarisierung der Innenpolitik zu verfolgen. Die Heimwehrverbände und der Republikanische Schutzbund hatten am Ende eine größere Bedeutung als die regulären Heereskräfte. In der Weimarer Republik wie in der Ersten Republik Österreich hatte sich ein gefährliches Gewaltpotenzial angesammelt und ein bürgerkriegsähnliches Lagerdenken in einem solchen Maße gebildet, dass man in beiden Fällen eher von Kriegskulturen als von Friedenskulturen sprechen kann.

Es sind bekannte historische Fakten, in deren Kontext Freuds Satz in *Warum Krieg?*, »Alles, was die Kulturentwicklung fördert, arbeitet auch gegen den Krieg«, als wirklichkeitsfremd wirkt. Da möchte man Freud fragen: Die Entwicklung welcher Kultur meinen Sie?; Ist es zulässig, im Zusammenhang der Diskussion über die Möglichkeiten der Kriegsverhütung und der Friedensstiftung den Begriff Kultur so neutral zu verstehen, als könnte man von den Inhalten jeder einzelnen Kultur völlig abstrahieren?; Ist jede Kulturentwicklung, um mit Herders Worten zu sprechen, eine Bildung der Menschheit zur Humanität? Entwickelt sich eine Kriegskultur nicht eher zur »totalen Mobilmachung« als zur Stiftung des ewigen Friedens?

Ausgerechnet im Jahre 1932 schrieb der Freud-Verehrer Stefan Zweig einen Vortragstext, dem er den Titel »Die moralische Entgiftung Europas« gab. Das ideologische Gift, das die europäischen Kulturen krank gemacht hätte, sei der Hass gegen die als feindlich denunzierten fremden Nationen, zu dem man jedes einzelne Volk in der Schule, vor allem im Geschichtsunterricht und in den Medien erzogen habe, um seine ständige Kriegsbereitschaft zu rechtfertigen. »Diese neue Erziehung aber muß von einer veränderten Auffassung der Geschichte ausgehen, und zwar von dem Grundgedanken, die Gemeinsamkeit zwischen den Völkern Europas stärker zu betonen als ihren Widerstreit« (Zweig, 43). Wenn man Stefan Zweigs Warnung berücksichtigt, man müsse zuerst die europäischen Kulturen »moralisch entgiften«, um sie erst recht friedensfähig zu machen, kann man Freuds Satz »Alles, was die Kulturentwicklung fördert, arbeitet auch gegen den Krieg« etwas zuversichtlicher lesen.

Oder ergibt man sich einer Illusion, wenn man sich den Zivilisationsprozess als die fortschreitende Entfernung des Kulturmenschen von dem bestialischen Naturmenschen der Urzeit vorstellt? Eine solche Vorstellung zerstörte Nietzsche schon in *Homers Wettkampf* (1872):

Wenn man von Humanität redet, so liegt die Vorstellung zugrunde, es möge das sein, was den Menschen von der Natur abscheidet und auszeichnet. Aber eine solche Abscheidung gibt es in Wirklich-

56

keit nicht […] Der Mensch, in seinen höchsten und edelsten Kräften, ist ganz Natur und trägt ihren unheimlichen Doppelcharakter an sich. Seine furchtbaren und als unmenschlich geltenden Befähigungen sind vielleicht sogar der fruchtbare Boden, aus dem allein alle Humanität in Regungen, Taten und Werken hervorwachsen kann.

So haben die Griechen, die humansten Menschen der alten Zeit, einen Zug von Grausamkeit, von tigerartiger Vernichtungslust an sich (KSA 1, 783).

DIKTATUR DER VERNUNFT: FREUDS SCHWARZE AUFKLÄRUNG IN FINSTEREN ZEITEN

1954 gestand Einstein in einem Brief an den Vertreter der Liga der Kriegsdienstverweigerer, der seine Einwilligung zum Nachdruck von *Warum Krieg?* erbat: »Mein kurzer Beitrag in dem kleinen Band hat in der Hauptsache den Zweck verfolgt, Freud zu veranlassen, seine Abneigung gegen öffentliche politische Betätigung zu überwinden« (ÜdF, 605). Freud wiederum wehrte sich gegen Einsteins implizite Forderung, er müsse sich zu einer politischen Stellungnahme durchringen. Die Frage der Kriegsverhütung sei »eine praktische Aufgabe, die den Staatsmännern zufalle«, betont er am Anfang seines offenen Antwortbriefs an Einstein, er selbst könne nur »angeben [...], wie sich das Problem der Kriegsverhütung einer psychologischen Betrachtung darstellt« (GW XVI, 13).

Trotzdem entschließt sich Freud am Schluss seines Antwortschreibens dazu, seine politische Einstellung mit schonungsloser Offenheit zusammenzufassen:

> *Einer Klage von Ihnen über den Mißbrauch der Autorität entnehme ich einen [...] Wink zur indirekten Bekämpfung der Kriegsneigung. Es ist ein Stück der angeborenen und nicht zu beseitigenden Ungleichheit der Menschen, daß sie in Führer und in Abhängige zerfallen. Die letzteren sind die übergroße Mehrheit, sie bedürfen einer Autorität, welche für sie Entscheidungen fällt, denen sie sich meist bedingungslos unterwerfen. [...] Man müßte mehr Sorge als bisher aufwenden, um eine Oberschicht selbständig denkender, der Einschüchterung unzugänglicher, nach Wahrheit ringender Menschen zu erziehen, denen die Lenkung der unselbständigen Massen zufallen würde. [...] Der ideale Zustand wäre natürlich eine Gemeinschaft von Menschen, die ihr Triebleben der Diktatur der Vernunft unterworfen haben (GW XVI, 24).*

Man kann nicht umhin, bei den Worten »Diktatur der Vernunft« stutzig zu werden. War es vernünftig, 1932 die Diktatur, selbst die der Vernunft, als eine wünschenswerte Regierungsform zu bezeichnen? Zwar spricht hier Freud von einer aufgeklärten Führungselite, die sich gleichsam asketisch und triebopferbereit »der Diktatur der Vernunft« unterwerfen sollte. Für Leserinnen und Leser bleibt hängen, dass Freud »eine Diktatur der Vernünftigen« gutheißt.

Im gleichen Jahr 1932 schreibt Freud in *Über eine Weltanschauung*, einem Kapitel der *Neuen Folge der Vorlesungen zur Einführung in die Psychoanalyse*:

> *Es ist unsere beste Zukunftshoffnung, daß der Intellekt – der wissenschaftliche Geist, die Vernunft – mit der Zeit die Diktatur im menschlichen Seelenleben erringen wird. [...] Der gemeinsame Zwang einer solchen Herrschaft der Vernunft wird sich als das stärkste einigende Band unter den Menschen erweisen und weitere Einigungen anbahnen (GW XV, 185).*

Gerade in dieser *35. Vorlesung zur Einführung in die Psychoanalyse* findet man auch eine scharfe Kritik des Bolschewismus als »praktischen Marxismus« (GW XV, 195). Über die Demokratie und den »gegenwärtigen Kulturzustand Amerikas« (GW XIV, 475) äußerte sich Freud in *Das Unbehagen in der Kultur* ebenfalls sehr zurückhaltend.

In seinen Augen blieb also keine andere Lösung als die Diktatur der Vernunft bzw. der Vernünftigen, wie er sie schon in *Die Zukunft einer Illusion* skizzierte:

> *Ebensowenig wie den Zwang zur Kulturarbeit, kann man die Beherrschung der Masse durch eine Minderzahl entbehren [...] Nur durch den Einfluß*

vorbildlicher Individuen, die sie als ihre Führer
anerkennen, sind sie zu den Arbeitsleistungen und
Entsagungen zu bewegen, auf welche der Bestand
der Kultur angewiesen ist (GW XIV, 328).

Die einzige Gefahr einer solchen Herrschaft der Vernünftigen war in Freuds Augen keineswegs die Entwicklung dieser Regierungsform zum nackten Despotismus, sondern die demokratische, um nicht zu sagen die demagogische Milderung der strengen Herrschaft der Vernünftigen:

Es ist alles gut, wenn diese Führer Personen von
überlegener Einsicht in die Notwendigkeiten des
Lebens sind, die sich zur Beherrschung ihrer eige-
nen Triebwünsche aufgeschwungen haben. Aber es
besteht für sie die Gefahr, daß sie, um ihren Einfluß
nicht zu verlieren, der Masse mehr nachgeben als
diese ihnen, und darum erscheint es notwendig, daß
sie durch Verfügung über Machtmittel von der Mas-
se unabhängig seien (GW XIV, 328f.).

In *Massenpsychologie und Ich-Analyse* aus dem Jahre 1921 urteilte Freud vorsichtiger über autoritäre Regierungsformen, indem er in Anlehnung an Gustave Le Bons *Psychologie der Massen* zeigte, wie die von einem Diktator, Führer oder Propheten beherrschten Massenindividuen zum Schlimmsten, manchmal auch zum Besten fähig sind.

[I]m Beisammensein der Massenindividuen [entfal-
len] alle individuellen Hemmungen [...], und alle

grausamen, brutalen, destruktiven Instinkte, die
als Überbleibsel der Urzeit im Einzelnen schlum-
mern, werden zur freien Triebbefriedigung geweckt.
Aber die Massen sind auch unter dem Einfluß der
Suggestion hoher Leistungen von Entsagung, Un-
eigennützigkeit, Hingebung an ein Ideal fähig (GW
XIII, 84).

Die autoritätsgeführte Masse sei ein Wiederaufleben
der Urhorde, meinte Freud in diesem Buch von 1921.
Wenn er 1932 »eine Gemeinschaft von Menschen, die
ihr Triebleben der Diktatur der Vernunft unterworfen
haben«, als den »idealen Zustand« heraufbeschwört,
muss er also etwas ganz anderes gemeint haben als die
zur damaligen Zeit in vielen Ländern real existierenden
Diktaturen.

Die Gefahr, grundsätzlich missverstanden zu werden, hat Freud durch seine Widmung von *Warum*
Krieg? an Mussolini noch gesteigert. Edoardo Weiss,
der Begründer der italienischen psychoanalytischen
Bewegung, hat die Anekdote so dargestellt:

Im Jahre 1933 [...] brachte ich einen sehr kranken
Patienten nach Wien zu Freud zur Konsultation.
Der Vater des Patienten, der uns begleitete, war ein
naher Freund Mussolinis. Nach der Konsultation
ersuchte der Vater Freud um ein Geschenk für Mus-
solini und bat um ein Buch Freuds, in das Freud
eine Widmung schreiben sollte. [...] Er fühlte sich
verpflichtet, die Bitte meinethalben und der Italie-

nischen Psychoanalytischen Vereinigung wegen zu gewähren. Die Arbeit, die Freud wählte, vielleicht mit bestimmter Absicht, war Warum Krieg? [Die Widmung] lautet wörtlich: »Benito Mussolini mit dem ergebenen Gruß eines alten Mannes, der im Machthaber den Kulturheros erkennt. Wien, 26. April 1933 – Freud (Weiss, 34f.).

So erzählt Edoardo Weiss seinen Besuch bei Freud in Begleitung von Concetta Forzano, einer Patientin, die Weiss erfolglos behandelt hatte, und ihrem Vater, Giovacchino Forzano, einem mit Mussolini befreundeten Theater- und Filmautor, der in den folgenden Jahren mehrere Propagandafilme produzierte. Was Freud eigentlich im Sinne hatte, als er Mussolini mit diesem – vordergründig emphatischen, untergründig ironischen – Kompliment begrüßte, wurde oft untersucht (Zapperi 2016).

Durch diese an den italienischen Diktator gerichtete *captatio benevolentiae* bemühte sich Freud darum, für die italienische psychoanalytische Bewegung eine Protektion von höchster Stelle zu gewinnen. Seine Bewunderung für die großzügige Förderung archäologischer Ausgrabungen durch Mussolini war außerdem aufrichtig. Und nicht zuletzt hielt Freud das faschistische Regime für die Schutzmacht Österreichs gegen das nationalsozialistische »Anschluss«-Vorhaben.

Freuds schmeichelhafte Widmung von W*arum Krieg?* an Mussolini kann man auch kritischer betrachten, und zwar als Beweis dafür, dass der altliberale Wiener Sigmund Freud am Anfang der dreißiger Jahre jedes Vertrauen in die demokratischen Institutionen verloren hatte und größere Hoffnungen auf das energische Durchgreifen des italienischen Faschismus setzte (Pfoser 2023).

Mit der Formel »Diktatur der Vernunft« zog Freud die Konsequenzen seines resignierten Diktums in *Die Zukunft einer Illusion:* »Rein vernünftige Motive richten noch beim heutigen Menschen wenig gegen leidenschaftliche Antriebe aus« (GW XIV, 365). Der ohnmächtigen Vernunft müsse man eine neue Wirkungskraft verleihen und dies sei nur in der Form der Herrschaft von Vernünftigen möglich, die sich selbst der Diktatur der Vernunft unterwerfen sollten.

Wahrscheinlich knüpfte Freud hier an Platons Idee von der Philosophenherrschaft an, wie sie in der *Politeia* vorgetragen wird. Die eminente Bedeutung Platons für Freuds Theoriebildung ist bekannt. Schon in der *Traumdeutung* bezieht sich Freud an entscheidenden Stellen auf Platon. In *Warum Krieg?* erwähnt er Platons Symposion an der Stelle, an der er ein Resümee seiner Trieblehre anbietet:

Wir nehmen an, daß die Triebe des Menschen nur von zweierlei Art sind, entweder solche, die erhalten und vereinigen wollen, – wir heißen sie erotische, ganz im Sinne des Eros im Symposion Platos, [...] – und andere, die zerstören oder und töten wollen; wir fassen diese als Aggressionstrieb oder Destruktionstrieb zusammen (GW XVI, 20).

Das Konzept der Philosophenherrschaft kann man bei Platon als das Projekt, einen Staat zu errichten, »in dem Männer wie Sokrates nicht in Gefahr wären, hingerichtet zu werden, sondern als Lenker des Staates fungieren würden« (v. Fritz, 14). Das war eine utopische Vision, und Platons Versuch, in Syrakus am Hofe des Tyrannen seine Staatsideen zu verwirklichen, scheiterte voll und ganz.

»Wenn nicht entweder die Philosophen Könige werden in den Staaten, oder die jetzt sogenannten Könige und Gewalthaber sich aufrichtig mit Philosophie befassen, und dies beides in eins zusammenfällt, politische Macht und Philosophie [...], gibt es [...] kein Ende des Unheils für die Staaten, ja [...] auch nicht für das Menschengeschlecht überhaupt«, kann man in der *Politeia* lesen (Der Staat, 473d–e). Im ersten Band seines berühmten, während des Zweiten Weltkriegs in Neuseeland verfassten Buches *Die offene Gesellschaft und ihre Feinde (The Open Society and Its Enemies*, 1945) interpretierte Karl Popper diesen Satz als den Führungsanspruch einer antidemokratisch eingestellten geistigen Elite, deren politisches Programm wir als die Antizipation der von Freud beschworenen Diktatur der Vernunft auffassen können. Die meisten Platon-Spezialisten haben Poppers Interpretation zurückgewiesen. Im historischen Kontext des wütenden Faschismus und Nationalsozialismus war Poppers Platon-Lektüre durchaus verständlich.

Einer ähnlichen Interpretation hat sich Freud ausgesetzt – einem ähnlichen Missverständnis, werden Freuds Anhänger sagen –, als er in *Warum Krieg?* vor der riskanten Formel »Diktatur der Vernunft« nicht zurückscheute, und dies hat wahrscheinlich dazu beigetragen, dass man diesen Freud'schen Text lange Zeit bewusst unbewusst vergessen, beziehungsweise als eine Marginalie in Freuds Werk zur Seite geschoben hat.

ABSCHLIESSENDE BETRACHTUNGEN

Im März 1923 schrieb Freud an Romain Rolland:

Wenn wir nicht im Laufe der Entwicklung lernen, unsere Destruktionstriebe von unseresgleichen abzulenken, wenn wir fortfahren, einander wegen kleiner Verschiedenheiten zu hassen und um kleinen Gewinn zu erschlagen, wenn wir die großen Fortschritte in der Beherrschung der Natur immer wieder für unsere gegenseitige Vernichtung ausnützen, welche Zukunft steht uns da bevor? Wir haben es doch wahrlich schwer genug, die Fortdauer unserer Art in dem Konflikt zwischen unserer Natur und den Anforderungen der uns auferlegten Kultur zu bewahren. (Freud, Briefe, 359f.)

Ein knappes Jahrzehnt später ist Freud keineswegs optimistischer geworden. In *Warum Krieg?* begegnen einander der utopische, politisch schwer umsetzbare, etwas weltferne Pazifismus Einsteins und der illusionslose Pessimismus Freuds. Man hat den Eindruck, dass beide Intellektuelle, der geniale Naturwissenschaftler und der geniale Kulturwissenschaftler, angesichts des nahenden Unheils am Ende ihres Lateins sind. So betrachtet erscheint *Warum Krieg?* als ein Denkmal der politischen Ohnmacht der Intellektuellen in dieser finsteren Zeit.

Nichtsdestoweniger brennend aktuell sind die Fragen, die der Dialog von Einstein und Freud in dieser dünnen und doch gewichtigen Broschüre aufwirft. Wie kann sich der »militante Pazifismus« in einer Situation bewähren, in der die Frage nach dem gerechten Verteidigungskrieg nicht mehr theoretisch ist, sondern eine dringliche Antwort fordert? Die Freud'sche Anthropologie weist auf die ernüchternde Tatsache erneut hin, dass sich Frieden nicht als naturgemäßes Ergebnis menschlicher Natur ergibt, kein Naturzustand ist, sondern, mit Kant gesprochen, »gestiftet werden muss« (Kant, 203). Von welcher »Kulturentwicklung« kann man aber im Ernst behaupten, dass sie »gegen den Krieg arbeitet«? Warum es immer wieder zum Krieg kommen kann und muss, zeigt uns Freud in aller Deutlichkeit. Wie man den Friedenszustand dauerhaft absichert – das wollte ja Einstein von ihm hören –, sagt er uns aber nicht.

Die Aktualität von *Warum Krieg?* ist deshalb so brennend, weil heute der Krieg in Ostmitteleuropa wieder wütet und die Aggressions- und Destruktionstriebe wieder freigesetzt sind. Wieder steht der ethisch motivierte und rational begründete Pazifismus nach dem Vorbild Albert Einsteins vor den größten Herausforderungen und muss sich selbst infrage stellen. Und wieder einmal scheint die befriedete internationale Ordnung, die uns eine Art ewigen Frieden versprach, der Welt von gestern anzugehören. Wieder erlebt unsere Kultur »die Enttäuschung des Kriegs«, von der Freud in *Zeitgemäßes über Krieg und Tod* sprach. Es meinte die Enttäuschung über »die geringe Sittlichkeit der Staaten nach außen« und über »die Brutalität im Benehmen der Einzelnen, denen man als Teilnehmer an der höchsten menschlichen Kultur ähnliches nicht zugetraut hat« (GW X, 331).

Auf den ersten Blick bereitet uns Freud selbst in *Warum Krieg?* eine herbe Enttäuschung. Einstein fragte ihn nicht nur nach den tiefenpsychologischen Ursachen des Kriegs; er fragte auch und vor allem *Wie stiftet man den Frieden?* Nun aber sind alle vom radikalen Aufklärer Freud vorgeschlagenen Lösungen, abgesehen von der »Diktatur der Vernunft«, an die er selbst vermutlich nicht ernsthaft glaubte, solche, die, mit Freuds eigenen, schon zitierten Worten gesagt, an Mühlen erinnern, »die so langsam mahlen, dass man verhungern könnte, ehe man das Mehl bekommt«.

Der einzige, immerhin beträchtliche Ertrag von *Warum Krieg?* bestünde schließlich in der radikalen Zerstörung unserer großen Illusionen (Fortschrittsidee, Traum vom ewigen Frieden, pazifistisches Wunschdenken …) und in der Anleitung zu einem schonungslosen Realismus. Freud ist ein Stoiker, der uns nicht lehrt, die Welt zu verändern, sondern die Welt zu ertragen.

BIBLIOGRAFIE

Ashkenazi, Ofer, »Reframing the Interwar Peace Movement: The Curious Case of Albert Einstein«, in Journal of Contemporary History, Oktober 2011, Bd. 46, Nr. 4, S. 741–766.

Assoun, Paul-Laurent, »Pulsion de destruction et mort en acte. Clinique du sujet en guerre«, in La clinique lacanienne, 2016/1 (Nr. 27), S. 85–110.

Clark, Christopher, Die Schlafwandler. Wie Europa in den Ersten Weltkrieg zog, Übers. v. Norbert Juraschitz, München, Deutsche Verlags-Anstalt, 2013 (The Sleepwalkers. How Europe Went to War in 1914, London, Allen Lane, 2012).

Crépon, Marc; de Launay, Marc, Einleitung zu Sigm und Freud, Anthropologie de la guerre, mit einem Nachwort von Alain Badiou, Paris, Fayard, 2010 (Einleitung, S. 7–74; Nachwort, S. 357–370.

C. S., »Krieg, Sadismus und Pazifismus« (C. S. 1933), in Die Psychoanalytische Bewegung, Bd. 5, 1933, Heft 6, S. 527–531.

David, Christophe, Vorwort zu Albert Einstein – Sigmund Freud, Pourquoi la guerre?, Paris, Payot & Rivages (Rivages Poche), 2005, S. 7–30.

Derrida, Jacques, Seelenstände der Psychoanalyse. Das Unmögliche jenseits einer souveränen Grausamkeit, Suhrkamp, 2002 (États d'âme de la psychanalyse. L'impossible au-delà d'une souveraine cruauté, Paris, Galilée, 2000).

Diatkine, Gilbert, »La dictature de la raison«, in Revue française de psychanalyse, 2016/1, Bd. 80 (»Pourquoi la guerre?«), S. 54–64.

Das Land Goethes, 1914–1916: ein vaterländisches Gedenkbuch (DLG), Hrsg. vom Berliner Goethebund, Stuttgart-Berlin, Deutsche Verlags-Anstalt, 1916.

Einstein, Albert, Über den Frieden. Weltordnung oder Weltunter-
    gang? (ÜdF), Hrsg. v. Otto Nathan u. Heinz Norden, Vorwort
    v. Bertrand Russell (Einstein on Peace, New York, Simon and
    Schuster, 1960; 1. dt. Ausgabe, Bern, Lang, 1975) Neu Isen-
    burg, Melzer, 2004 (Offener Brief vom 30. Juli 1932 an S.
    Freud, S. 204–207).

Einstein, Albert / Freud, Sigmund, Warum Krieg? Ein Brief-
    wechsel, Paris, Internationales Institut für geistige Zusam-
    menarbeit (Völkerbund), 1933; Why War?, Übers. v. Stuart
    Gilbert, Paris, International Institute of Intellectual Coopera-
    tion (League of Nations) – London, George Allen & Unwin,
    1933; Pourquoi la guerre ?, Übers. v. Blaise Briod, Paris, In-
    stitut International de Coopération Intellectuelle (Société de
    Nations), 1933 (Correspondance, Bd. 2).

Einstein, Albert / Freud, Sigmund, Warum Krieg? Ein Brief-
    wechsel, Zürich, Diogenes, 2005.

Fenichel, Otto, »Über Psychoanalyse, Krieg und Frieden« (Feni-
    chel), Internationales Ärztliches Bulletin (Prag), Bd. 2, 1935,
    Nr. 2–3, S. 30–40), in O. Fenichel, Psychoanalyse und Ge-
    sellschaft, Aufsätze, Frankfurt am Main, 1972, S. 132–146.

Freud, Sigmund, »Über Recht, Gewalt und ihre Triebgrundlage«
    (Freud 1933), in Die psychoanalytische Bewegung, Heft 5,
    1933, S. 207–216.

Freud, Sigmund, Briefe 1873–1939 (Freud, Briefe), Hrsg. v. Ernst
    u. Lucie Freud, Frankfurt am Main, S. Fischer, 3. Aufl. 1980.

Freud, Sigmund, Brief an André Cœuroy vom 23.12.1932, in
    Editorische Notiz zu Pourquoi la guerre? (Warum Krieg?)
    (Freud/Cœuroy), Sigmund Freud, Œuvres complètes. Psych-
    analyse, Hrsg. unter wiss. Leitung v. Jean Laplanche, Bd. XIX
    (1931–1936), S. 63.

Freud, Sigmund / Ferenczi, Sándor, Briefwechsel (Freud/Fe-
    renczi), Hrsg. unter wiss. Leitung v. André Haynal, Wien–
    Köln–Weimar, Böhlau, Bd. II/1: 1914–1916, 1996; Bd. III/2:
    1925–1933, 2005.

Freud, Sigmund, Jugendbriefe an Eduard Silberstein 1871–188 (Freud/Silberstein), Hrsg. v. Walter Boehlich, Frankfurt am Main, S. Fischer, 1989.

Freud, Sigmund, Gesammelte Werke (GW), Hrsg. v. Anna Freud et al. (Bd. I–XVII, London, Imago, 1940-1952), Frankfurt am Main, S. Fischer, seit 1960.

   Bd. VI, Der Witz und seine Beziehungen zum Unbewussten (GW VI).

   Bd. X, Werke aus den Jahren 1913–1917 (GW X).

   Bd. XII, Werke aus den Jahren 1917–1920 (GW XII).

   Bd. XIII, Jenseits des Lustprinzips. Massenpsychologie und Ich-Analyse. Das Ich und das Es (GW XIII).

   Bd. XIV, Werke aus den Jahren 1925–1931 (GW XIV).

   Bd. XV, Neue Folge der Vorlesungen zur Einführung in die Psychoanalyse (GW XV).

   Bd. XVII, Werke aus den Jahren 1932–1939 (GW XVI.), (Warum Krieg? S. 13–27).

   Nachtragsband, Hrsg. v. Angela Richards u. Ilse Grubrich-Simitis, 1987.

Gay. Peter, Freud. A Life for Our Time (Gay), New York-London, Norton, 1988.

Glover, Edward, War, Sadism & Pacifism. Three Essays, London, George Allen & Unwin, 1933 [»War, Sadism and Pacifism«; »A Postscript on Masochism«; »The Problem of Prevention«; »An Outline of Research«].

Institut International de Coopération Intellectuelle, Pour une société des esprits (IICI, 1933). Lettres de Henri Focillon, Salvador de Madariaga, Gilbert Murray, Miguel Ozorio de Almeida, Alfonso Reyes, Tsaî Yuan Peî, Paul Valéry, Paris, (Société des Nations), 1933; A League of Minds. Letters of …, Paris IICI (SDN), 1933.

Institut International de Coopération Intellectuelle, L'Esprit, l'éthique et la guerre (IICI, 1934). Lettres de Johan Bojer, Johan Huizinga, Aldous Huxley, André Maurois, Robert Waelder, Paris, (Société des Nations), 1934.

Institut International de Coopération Intellectuelle, Civilisations: Orient-Occident, Génie du Nord-Latinité (IICI, 1935). Lettres de Henri Focillon, Gilbert Murray, Josef Strzygowski, Rabindranath Tagore, Paris, (Société des Nations), 1935; East and West. Letters of …, Paris IICI (SDN), 1935.

Jünger, Ernst, Der Frontsoldat und die Wilhelminische Zeit (Jünger), (Die Standarte, 20.9.1925), in Ernst Jünger, Politische Publizistik 1919 bis 1933, Hrsg. v. Sven Olaf Berggötz, Stuttgart, Klett-Cotta 2001.

Kant, Immanuel, Zum ewigen Frieden. Ein philosophischer Entwurf (1795); Der Streit der Fakultäten (1798) (Kant), in Kant, Werke in zehn Bänden, Hrsg. v. Wilhelm Weischedel, Bd. 9: Schriften zur Anthropologie, Geschichtsphilosophie, Politik und Pädagogik I, Darmstadt, Wissenschaftliche Buchgesellschaft, 1975, S. 195–251; S. 261–393.

Leupold-Löwenthal, Harald, »Warum Krieg? Sechzig Jahre später«, in Inge Scholz-Strasser (Hrsg.), Aggression und Krieg, Wien, Turia & Kant, 1994, S. 168–184.

Mitscherlich, Alexander, »Psychoanalyse und die Aggression großer Gruppen«, in Psyche, 25. Jg., Juni 1971, Heft 6/7, S. 463–475.

Nietzsche, Friedrich, Sämtliche Werke (KSA). Kritische Studienausgabe in 15 Bänden, Hrsg. v. Giorgio Colli u. Mazzino Montinari, München, dtv-Berlin, de Gruyter, 1980.
Band 1. Die Geburt der Tragödie. Unzeitgemäße Betrachtungen. (KSA 1), Nachgelassene Schriften 1870–1873.
Band 3. Morgenröte. Die fröhliche Wissenschaft (KSA 3).

Paret, Peter, »Einstein and Freud's Pamphlet Why War?«, In Historically Speaking, Bd. 6, Nr. 6, Juli/August 2005, S. 14–19.

Pfoser, Alfred, »Die Verächter der Demokratie, von Schnitzler über Freud bis Musil (Pfoser 2023), in Wiener Zeitung, 18. März 2023.

Platon, Politeia (Der Staat), Hrsg. u. übers. v. Otto Apelt (Platon, Sämtliche Dialoge, Hamburg, Meiner, 1993, Bd. 5; Nachdruck der Ausgabe Leipzig, Meiner, 1923).

Rolland, Romain / Zweig, Stefan, Briefwechsel 1910–1940 (RR/SZ), Hrsg. v. Waltraud Schwarze, übers. v. Eva u. Gerhard Schewe (Briefe Rollands) u. Christel Gersch (Briefe Zweigs), Berlin, Rütten & Loening, 1987, Bd. 2, 1924–1940.

Scheideler, Britta, »Albert Einstein in der Weimarer Republik. Demokratisches und elitäres Denken im Widerspruch«, in Vierteljahreshefte für Zeitgeschichte, Jg. 53, 2005, H. 3, S. 381–419.

Tögel, Christfried, »Freud, Einstein und das Institut für geistige Zusammenarbeit in Paris. Kommentierte Briefe zur Vorgeschichte des Briefwechsels Warum Krieg?« (Tögel), in Jahrbuch für Psychoanalyse, Bd. 58, 2009, S. 81–110.

Vanier, Alain, »Droit et violence. Freud et Benjamin«, in La clinique lacanienne, 2016/1, Nr. 27, S. 23–36.

von Fritz, Kurt, Platon in Sizilien und das Problem der Philosophenherrschaft, Berlin, Walter de Gruyter, 1968

Weiss, Edoardo, »Meine Erinnerungen an Sigmund Freud« (Weiss), in Sigmund Freud – Edoardo Weiss, Briefe zur psychoanalytischen Praxis, Einleitung von Martin Grotjahn, Frankfurt a. M., S. Fischer, 1973, S. 15–37.

Wünsch, Danielle; Wiss, Emmanuelle, »Einstein et la Commission internationale de coopération intellectuelle«, in Revue d'histoire des sciences, 2004, Bd. 57, Nr. 2 (Juli–Dezember), S. 509–520.

Zapperi, Roberto, Freud und Mussolini, (Zapperi 2016), Übers. v. Ingeborg Walter, Berlin, Berenberg, 2016 (Freud e Mussolini. La psicoanalisi in Italia durante il regime fascista, Milano, F. Angeli, 2013).

Zweig, Stefan, »Die moralische Entgiftung Europas« (Zweig), in Stefan Zweig, Zeiten und Schicksale. Aufsätze und Vorträge aus den Jahren 1902–1942, Hrsg. v. Knut Beck, Frankfurt am Main, S. Fischer, 1990 (Gesammelte Werke in Einzelbänden), S. 40–56.

NACHWORT

Dieser Text ist die überarbeitete Fassung der Wiener Vorlesung, die ich am 28. März 2023 im Festsaal des Wiener Rathauses halten durfte.

Frau Kulturstadträtin Mag.a Veronica Kaup-Hasler, von der ich im Rahmen dieser Wiener Vorlesung die große Ehre hatte, das Silberne Ehrenzeichen für Verdienste um das Land Wien überreicht zu bekommen, Frau Dr.in Anita Eichinger, der Direktorin der Wienbibliothek im Rathaus, die die Laudatio hielt, dem Atmos Quartett, das unter anderem das Intermezzo von Arnold Schönbergs Streichquartett in D-Dur (1897) spielte, und Frau Dr.in Daniela Finzi, der wissenschaftlichen Leiterin des Sigmund Freud Museums, die die Moderation der Vorlesung übernahm und mir bei der Vorbereitung des Vortragsmanuskripts großzügig geholfen hatte, gilt mein ganz besonderer Dank.

Kervoanec, Finistère, im August 2023

DER AUTOR

Univ.-Prof. i. R. Dr. Jacques Le Rider (geb. 1954) studierte in Paris an der École normale supérieure (1973–1977), am Institut d'études politiques (Dipl. polit. 1977), an der Sorbonne (Mag. 1975, agrégation 1976, Dr. Phil. 1982, Habil. 1989) und an der Universität Wien (1974–1975). Er war wissenschaftlicher Assistent an der Sorbonne (1977–1981), maître de conférences an der Universität Paris XII-Val-de-Marne (1981–1990), Professor an der Universität Paris VIII-Saint Denis (1990–1999). Vom Herbst 1999 bis zum Sommer 2023 war er Professor an der Forschungsuniversität École pratique des hautes études (EPHE) in Paris.

Seit April 2015 ist er Mitglied der Österreichischen Akademie der Wissenschaften (korrespondierendes Mitglied der philosophisch-historischen Klasse im Ausland). Er war im Wintersemester 1993/94 Gastprofessor an der Universität Graz; 1994–1996 Botschaftsrat für Kultur- und Wissenschaftskooperation der französischen Botschaft in Österreich und Direktor des französischen Kulturinstituts Wien; und im Wintersemester 2012/13 Stadt-Wien-Senior-Fellow des Internationalen Forschungszentrums Kulturwissenschaften (IFK) Wien.

PREISE UND AUSZEICHNUNGEN

2000 Forschungspreis der Alexander von Humboldt-Stiftung

2006 Gabriel Monod-Preis der Académie des sciences morales et politiques

2009 Guizot-Preis der Académie française

2010 Henri Hertz-Preis des Rektorats Paris

2010 Verdienstkreuz am Bande des Verdienstordens der Bundesrepublik Deutschland

2020 Silbernes Ehrenzeichen für Verdienste um das Land Wien (überreicht 2023)

BÜCHER IN DEUTSCHER ÜBERSETZUNG:

Der Fall Otto Weininger. Wurzeln des Antifeminismus und des Antisemitismus, Wien, 1985.

Das Ende der Illusion. Zur Kritik der Moderne. Die Wiener Moderne und die Krisen der Identität, Wien, 1990.

Mitteleuropa. Auf den Spuren eines Begriffes, Wien, 1994.

Hugo von Hofmannsthal. Historismus und Moderne in der Literatur der Jahrhundertwende, Wien, 1997.

Nietzsche in Frankreich, München-Paderborn, 1997.

Die Farben und die Wörter. Geschichte der Farbe von Lessing bis Wittgenstein, Wien, 2000.

Kein Tag ohne Schreiben. Tagebuchliteratur der Wiener Moderne, Wien, 2002.

Freud – von der Akropolis zum Sinai. Die Rückwendung zur Antike in der Wiener Moderne, Wien, 2004.

Arthur Schnitzler oder Die Wiener Belle Epoque, Wien, 2013.

Wien als »Das neue Ghetto«? Arthur Schnitzler und Theodor Herzl im Dialog, Wien, 2014 (Wiener Vorlesungen, Bd. 171).

76

WEITERE BÜCHER

Malwida von Meysenbug. Une Européenne du XIXe siècle, Paris, 2005.

L'Allemagne au temps du réalisme. De l'espoir au désenchantement (1848–1890), Paris, 2008.

Fritz Mauthner. Scepticisme linguistique et modernité. Une biographie intellectuelle, Paris, 2012.

Les Juifs viennois à la Belle Époque, Paris, 2013.

La Censure à l'œuvre. Freud, Kraus, Schnitzler, Paris, 2015.

Karl Kraus. Phare et brûlot de la modernité viennoise, Paris, 2018.